足元に眠る神奈川の歴史

写真とイラストでわかる遺跡・史跡

公益財団法人 かながわ考古学財団 編

有隣堂

稲荷木遺跡　(公財)かながわ考古学財団提供

表紙写真：川名新林横穴墓出土鳳凰環頭大刀（藤沢市提供）
扉写真：河原口坊中遺跡出土高杯
（神奈川県教育委員会所蔵　[公財]かながわ考古学財団提供）

ごあいさつ

　かながわ考古学財団は、文化財保護法の趣旨が生かされるよう、埋蔵文化財の発掘調査を行っています。また、考古学的な研究成果をふまえた調査成果を公開及び活用することで、学術・文化の振興や地域社会の健全な発展等に寄与するための公益財団法人です。

　当財団では史跡化を目指して実施する保存目的調査と、開発に伴う記録保存調査を実施し、342冊の発掘調査報告書を作成しています。これまで神奈川県という地域に根差した歴史解説書として、2010年に『掘り進められた神奈川の遺跡』を有隣堂から刊行しました。それに続くものとして、財団設立30周年を機に、新たに発掘された成果もふまえた遺跡や遺物を紹介する本書を刊行します。

　発掘調査の第一線にいる当財団の調査研究職員が遺跡を通した歴史解説をし、神奈川県内の市町村における文化財行政等の女性担当者によるいわゆる「推し」の遺跡や遺物を紹介しています。また、本書を手に持って県内各地の遺跡や史跡を見学していただくため、史跡等のマップとQRコード解説も掲載しています。

　本書は日々の発掘調査から生み出されたものです。引き続き、かながわ考古学財団をご愛顧いただき、活動へのご支援やご協力を賜りますことをお願いするとともに、発掘調査および出土品等整理作業、本書刊行に関与した皆様や、刊行にあたりご協力いただきました関係者の皆様に、心より感謝申し上げます。

2024（令和6）年11月
公益財団法人かながわ考古学財団

【写真とイラストでわかる遺跡・史跡　足元に眠る神奈川の歴史　目次】

はじめに　遺跡の世界をのぞいてみると……………………………………………7
発掘調査ってどうやっているの？／8　発掘調査がおわったら…？／12

コラム❖伊勢原の昆虫化石／14

第1部 遺跡・遺物が語る神奈川県の歴史……………………………………15
第1部で扱う遺跡／16

[Ⅰ] 旧石器時代………18
県西部における最古の石器群／19　生業／20　石器製作址／22
石材と遺跡／23　接合資料／24　炉・礫群／25

[Ⅱ] 縄文時代………26
生業の実態／27　環状集落と配石集落／31
墓とまつり／34　地域間交流／38
コラム❖最近の特筆すべき遺跡＜西富岡・向畑遺跡／稲荷木遺跡＞／40

[Ⅲ] 弥生時代………44
農耕集落成立以前／45　大規模集落の成立と展開／46
新たな墓制の出現と変化／47　食料生産／48
海と洞窟の利用／49　新たな製品製作技術／50
コラム❖注目の遺跡＜中里遺跡／河原口坊中遺跡／真田・北金目遺跡群＞／51

[Ⅳ] 古墳時代………54
古墳の出現と展開／55　群集する後期・終末期古墳／56
集落の様相／58　鏡の世界／60　出土品の様相／61

[Ⅴ] 奈良・平安時代………62
官衙／63　古代寺院／66　古代の人々のすまうところは／68
人々の信仰は／72　あの世への入り口／73

[Ⅵ] 鎌倉・室町時代………74
都市と地方／75　寺院といろいろな墓／79　様々な建物と構造／83
仏教と呪術／85　鍛冶・工芸・生活／87
コラム❖特殊な事例／90

[Ⅶ] 戦国時代………92
　小田原城と城郭遺跡／93　絵図に残る道／95
[Ⅷ] 近世・近代………96
　小田原城と城下町／97　村落と生業／100　寺院と墓地／103
　開国と戦争遺跡／104　まちづくりと観光資源／106
　コラム❖ペットの墓／107

コラム❖史跡めぐりをするまえに／108
第2部 かながわの文化財 …………………………………109
　かながわ史跡マップ／110　エリア1／112　エリア2／114　エリア3／116
　エリア4／118　エリア5／120　エリア6／122　エリア7／124
　歩いて！見て！かながわの史跡／126　かながわの歴史系博物館一覧／129

財団が担う文化財保護と活用／130

第3部 わたしの推し遺跡・遺物 ………………………………132
　横浜市／134　川崎市／136　相模原市／138　横須賀市／140
　平塚市／142　鎌倉市／144　小田原市／146　茅ヶ崎市／148
　三浦市／150　秦野市／152　厚木市／154　大和市／156
　伊勢原市／158　海老名市／160　南足柄市／162
　綾瀬市／164　寒川町／166　大磯町／168

掲載図版（提供・所蔵）一覧
おまけのページ

【協力機関および協力者】

神奈川県教育委員会／横浜市教育委員会／青葉区総務部区政推進課／川崎市教育委員会／相模原市教育委員会／横須賀市教育委員会／平塚市教育委員会／鎌倉市教育委員会／藤沢市生涯学習部郷土歴史課／藤沢市経済部観光課／小田原市文化部文化財課／小田原市経済部小田原城総合管理事務所計画係／小田原市経済部観光課／茅ヶ崎市教育委員会／逗子市教育委員会／三浦市市民部文化財スポーツ課／秦野市文化スポーツ部生涯学習課／厚木市産業文化スポーツ部文化魅力創造課／大和市文化スポーツ部文化振興課／伊勢原市教育委員会／海老名市教育委員会／南足柄市市民部文化スポーツ課／綾瀬市市民環境部生涯学習課／寒川町教育委員会／大磯町教育委員会／松田町教育委員会／山北町教育委員会／愛川町教育委員会スポーツ・文化振興課／箱根町教育委員会／箱根町企画観光部観光課／王寺町／公益財団法人横浜市ふるさと歴史財団／慶應義塾大学文学部民族学考古学研究室／湘南工科大学長澤・井上研究室／株式会社玉川文化財研究所／株式会社博通／神奈川県立歴史博物館／相模原市立博物館／あつぎ郷土博物館／大磯町郷土資料館／愛川町郷土資料館／鶴岡八幡宮／臨済宗建長寺派宗務本院／金沢山称名寺／いせはら観光ボランティアガイド＆ウォーク協会／鎌倉市観光協会／逗子市観光協会／箱根ジオパーク推進協議会事務局／藤沢市観光協会／湯河原温泉観光協会／八ヶ岳旧石器グループ／井戸尻考古館／石川県立歴史博物館／新泉社

相原俊夫・淺井佳奈・東　真江・麻生順二・阿部芹香・天野賢一・新井　悟・荒井秀規・有賀正博・安藤広道・安藤龍馬・五十嵐睦・伊東はるか・今井しょうこ・伊從保美・岩田慎平・宇都洋平・浦野　悠・江川真澄・遠藤雅典・大島彩華・大貫みあき・大野淳也・大村浩司・小笠原里帆・岡島永昌・岡村道雄・長田友也・小畑弘己・押方みはる・押木弘已・加藤大二郎・加藤夏姫・亀山絵里香・河合英夫・川口有希子・川添和暁・川本真由美・栗田一生・剱持輝久・小林秀満・齊藤真一・櫻井　恵・佐々木健策・佐々木由香・佐藤健二・佐藤　愛・三戸　芽・白川美冬・柴田　徹・鈴木弘太・鈴木保彦・大工原豊・田尾誠敏・髙橋のぞみ・滝澤晶子・武井由美・立花　実・立原遼平・立田　理・谷口　肇・都築恵美子・土屋了介・寺岡裕子・中川真人・長澤有史・中田　英・中村耕作・中山悠那・浪形早季子・西村広経・林　亮太・葉山貴史・平澤愛理・古屋紀之・細川惠司・町田賢一・森岡健治・横山英介・吉田麻子・吉田浩明・米澤雅美・和田山千暁・渡邊浩貴（敬称略）

はじめに
遺跡の世界をのぞいてみると……

発掘作業は、チーム作業です。調査員の指示にしたがって、作業員さんを中心に発掘調査は進んでいきます。夏は炎天下、冬は寒風の中での作業ですが、毎日あらたな発見があり、暑さ寒さも忘れてしまうほど。日々の作業の中で、どのような工夫をしているのか、ちょっと作業員さんたちに聞いてみました！日々取り組むみなさまの作業の様子、ちょっと覗いてみましょう！

【発掘調査に必要な道具】

細かい遺物がでたときの必需品！
竹ぐし／はけ／竹べら

てみ／じょれん／いしょく

了解！
遺物でてくるかもしれないから気を付けてね！

伊勢原市　上粕屋・秋山遺跡

ひざが痛くなるので小さなマットをしいて作業してます!!

伊勢原市　西富岡・長竹遺跡

補助員さんは主に記録をとるお仕事をしています！

オッケーでーす！
機械で出土した遺物の位置や、遺構の位置を計測しています。

伊勢原市　上粕屋・秋山遺跡

掘るヒト
図面をとるヒト

伊勢原市　西富岡・長竹遺跡

手書きでも図面をとることがあるよ。細かい石とかは、写真測量の方が時間短縮されるかな。

伊勢原市　上粕屋・秋山遺跡

発掘調査がおわったら…？

発掘調査が終わったら、この遺跡からどんな遺物がでてきたのか、どういう遺跡だったのかを報告するために整理作業にはいります。土のついた出土品を洗い綺麗にしてから、遺物を整理し、遺構とともにこの遺跡の内容を調べていきます。そして、最後に1冊の報告書に仕上げて終了となります。今はもうみることができない遺跡ですが、どんな風景を当時の人たちがみてきたのか、報告書にはそんな素敵な内容がつまっています！

野庭出土品 整理室事務所

◀門沢橋出土品 整理室事務所

❶ 現場からあがってきた遺物を洗います。

馬毛ブラシ

洗いすぎちゃうとブラシのはけ目がのこって、土器の文様がわからなくなっちゃうので、きをつけてるわ！

❷ 洗浄した遺物に注記をします。

遺物が「どこから」出土したのかを正確に、誰にでもわかるように遺物に注記しています！

いかに小さく書くか!! 小さすぎてみえないのは ✕

❸ 注記のおわった遺物を種類ごとに分類します。

とにかく見ること!! 触ること!! よーく観察すること!!!

❹ 接合します。補強で復元をすることもあります。

土器の全体的な接合・復元は底部からくみあげます!!

〜接合あるある話〜
夜みた夢の中で接合した遺物が翌朝きてあわせてみたら接合するんです!!

石膏入れはあくまで補強!!

実測
キャリパー
まこ
方眼紙

拓本

❺ 出土した遺物が、どんな模様があるのか、観察して記録をとります。今は、色々な方法で記録します。

3D実測

遺物をよーく観察して、「どの部位」「どの紋様」を拓本として表現するのがいいのか、意識をもって作業しています!!

遺物をよくみて撮影しています!

❻ 遺構図は、現場で測量してきたデータをもとに検討し、デジタルトレース(清書)をします。

❼ 遺物の写真を撮影します。

ライティングが命!!!

❽ 総仕上げ：職員が文章を書きます。

報告書完成!!

コラム 伊勢原の昆虫化石

　化石というと鉱物に閉じ込められているものを想像しがちですが、要は古い地層から出土した遺体のことです。伊勢原市西富岡・向畑遺跡でみつかった縄文時代晩期初頭の昆虫たちは、紀元前1,131年に起こった地すべりで丘陵斜面の森林ごと5mもの土砂に閉じ込められ、樹木やササやコケとともに生のまま"真空パック"されました。出土した点数は1,244点、もちろん、硬い外骨格の中身はおよそ3,150年の間に分解されていましたが、翅や触角・体毛まで残る個体が数多くみつかっています。種が判明したものは101種で、森林によく見られる地表を徘徊するオサムシやゴミムシの仲間や植物に付くコガネムシ・カナブン・ハムシの仲間が多く見つかっています。また少ないながらもコクワガタやヒラタクワガタ、ハグロトンボもいました。見つかった種のBEST3を見ていくと、第3位は赤や緑色の美しい金属光沢を持つオオセンチコガネ（78点）。シカの糞などに集まるいわゆる糞虫ですが、山の中にシカが多くいたことが想像されます。第2位はヒメコガネ（130点）。3位の倍近くみつかったこの甲虫は緑色をした小型のコガネムシで、様々な植物の葉（成虫）や根（幼虫）を食べるので現在は農林業の害虫としてよく知られています。そして第1位はなんとセミ（153点）でした！国内の遺跡で見つかったのは"初"でこの量です。といっても、実は幼虫ばかりです。それも確認した限りでは1個体以外は終齢幼虫で、まさにこれから羽化して成虫になろうとする直前で土砂災害によって全滅したのでした。土圧で押しつぶされた個体が多かった中、最も印象的だった個体は、掘っていると小さな空洞が見つかり、そこに明るい褐色をした幼虫の背中が見えました。脚を縮めてうずくまる身体の光沢は生きているのではないかと思うほどでしたが、身体の中身は無く、翌日になると色も黒ずんでいき、脚についていた細かい体毛がパラパラと落ち始めてしまう様子は、まさに真空パックを開けたとたんに劣化が進み始めるのを目の当たりにしたようでした。これら幼虫のほとんどはアブラゼミと同定されていて、地すべりの発生が羽化直前の7月上旬だったことが推定されます。

（新開基史）

西富岡・向畑遺跡（伊勢原市）
ハグロトンボの出土状況です。ハグロトンボは、翅が黒いことから羽黒トンボと呼ばれています。他のトンボと異なり、ひらひらと舞うように飛ぶのが特徴と言えます。このトンボも縄文時代晩期初頭の埋没林から出土しています。

セミの終齢幼虫の出土状況

第1部
遺跡・遺物が語る神奈川県の歴史

ここでは、前回の『掘り進められた神奈川の歴史』刊行以降の15年間に発掘された調査事例を中心に取り上げています。この15年間で数々の大規模発掘調査が行われ、多くの成果が挙がっていますので、各時代毎にその成果の一端を紹介しています。

旧石器時代……………脇　幸生
縄文時代………………野坂知広
弥生時代………………戸羽康一
古墳時代………………新山保和
奈良・平安時代………髙橋　香
鎌倉時代・戦国時代……山口正紀
近世〜近代……………井関文明

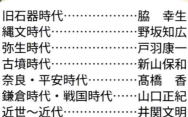

第1部で扱う遺跡

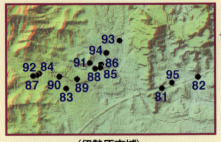

〈伊勢原市域〉

横浜市	1	生麦八幡前遺跡
	2	称名寺貝塚
	3	舞岡熊之堂遺跡
	4	新羽浅間神社遺跡
	5	公田平台遺跡
	6	北門古墳群
	7	田谷町堤遺跡
	8	馬場綿内谷戸遺跡
	9	小机城趾
	10	上行寺裏遺跡
	11	日吉台遺跡群
	12	洲干島遺跡
	13	山下居留地遺跡
川崎市	14	白井坂埴輪窯
	15	橘樹官衙遺跡群
	16	古代影向寺
相模原市	17	小保戸遺跡
	18	勝坂遺跡
	19	当麻遺跡
	20	中野中里遺跡
横須賀市	21	船久保遺跡
	22	大津古墳
	23	宗元寺跡
	24	浦賀奉行所跡
	25	小原台堡塁跡
平塚市	26	墨染遺跡
	27	真田・北金目遺跡
	28	六ノ域遺跡
鎌倉市	29	東正院遺跡
	30	長谷小路周辺遺跡
	31	甘縄神社遺跡
	32	下馬周辺関連遺跡
	33	大倉幕府周辺遺跡
	34	若宮大路周辺遺跡
	35	武蔵大路周辺遺跡
	36	永福寺跡
	37	名越坂北やぐら
	38	由比ガ浜中世集団墓地
	39	弁ヶ谷遺跡
	40	今小路西遺跡
	41	北条泰時・時頼邸跡
	42	北条時房・顕時邸跡
藤沢市	43	川名新林横穴墓
	44	石川遺跡稲荷山地区
	45	大庭城跡
	46	藤沢市北部第二土地区画整理事業区域内遺跡群
小田原市	47	天神山遺跡
	48	中里遺跡
	49	谷津金ノ台遺跡
	50	別堀前田遺跡
	51	別堀十二天遺跡
	52	小田原城御用米曲輪
	53	日向屋敷跡
	54	三の丸杉浦平太夫邸跡
	55	三の丸大久保弥六郎邸跡
	56	瓦長屋跡
茅ヶ崎市	57	下寺尾官衙遺跡群
	58	下寺尾廃寺
	59	浜ノ郷本社A遺跡
	60	石神遺跡
三浦市	61	間口洞窟遺跡
	62	菖蒲平台遺跡
	63	蓑毛小林遺跡
	64	菩提横手遺跡
	65	戸川諏訪丸遺跡
秦野市	66	横野山王原遺跡
	67	稲荷木遺跡
	68	柳川竹ノ上遺跡
	69	東開戸遺跡
	70	菖蒲内開戸遺跡
	71	二子塚古墳
	72	三廻部・東耕地遺跡
	73	寺山中丸遺跡
厚木市	74	三田林根遺跡
	75	及川伊勢宮遺跡
	76	中依知遺跡群
	77	愛名宮地遺跡
	78	鐘ヶ嶽廃寺
	79	恩名沖原遺跡
	80	戸田小柳遺跡

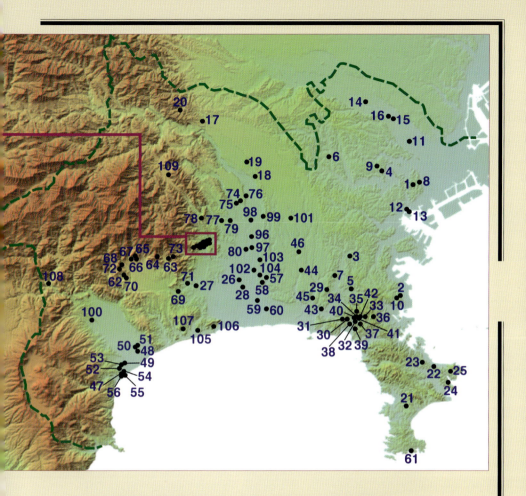

	81	西富岡・向畑遺跡		96	社家宇治山遺跡
	82	粟窪・林台遺跡	海老名市	97	跡堀遺跡
	83	上粕屋・石倉中遺跡		98	河原口坊中遺跡
	84	上粕屋・子易遺跡		99	相模国分寺跡
	85	上粕屋・秋山遺跡	南足柄市	100	御茶屋通遺跡
	86	上粕屋・和田内下遺跡	綾瀬市	101	上原・長久保遺跡
	87	子易・中川原遺跡		102	倉見川端遺跡
伊勢原市	88	上粕屋・秋山上遺跡	寒川町	103	倉見才戸遺跡
	89	神成松遺跡		104	大(応)神塚古墳
	90	上粕屋・上久保遺跡	大磯町	105	南仮宿遺跡
	91	上粕屋・和田内遺跡		106	旧岩崎家別邸貯水施設
	92	上粕屋・子易2遺跡	二宮町	107	天神谷戸遺跡
	93	西富岡・中島遺跡	山北町	108	河村新城跡
	94	西富岡・長竹遺跡	清川村	109	北原遺跡
	95	東富岡・南三間遺跡			

17

(1) 旧石器時代

　1949(昭和24)年に日本で最初の旧石器時代の発掘調査が群馬県岩宿遺跡で行われてから今日までに、約1万か所の旧石器時代遺跡が全国から発見されています。

　日本の旧石器時代は、約4万年前から約1万6千年前までの2万4千年間続きました。この頃の気候は、約4万年前頃から寒冷化し始め、約2万年前頃に最も寒冷になりました。その後、温暖化に転じる1万5千年前頃までの間は、寒冷で乾燥した気候が続いたと考えられています。

　当時の人々の生業は、主に狩猟や採集などで、自然界から食料を得る獲得経済であったと考えられています。また、定住度は低く、一定の範囲・領域内で遊動的な生活を営んでいたと考えられています。

菖蒲平台(しょうぶひらだい)遺跡(秦野市)
菖蒲平台遺跡では約1万7千年前の細石刃(さいせきじん)石器群が見つかり、約7,000点の石器が出土しました。写真は細石刃核を作り出す工程が観察できる貴重な資料です。石材は珪質頁岩(けいしつけつがん)です。写真の資料を接合させるとP24のようになります。

◆県西部における最古の石器群

　神奈川県は、国内でも有数の旧石器時代遺跡が発見されている地域です。特に県東部は、相模川によって形成された相模野台地（相模原市、大和市、座間市、海老名市、綾瀬市、寒川町、藤沢市および茅ヶ崎市の北部、横浜市の一部に広がる河岸段丘）を中心に多くの旧石器時代の遺跡が発見されています。県内においては、綾瀬市吉岡遺跡群D区で、約3万6千～3万5千年前と考えられる土層から出土した石器群が最も古いものと考えられています。

　県西部ではその数は少なく、東部の10分の1程度しか見つかっていませんでしたが、近年行われた伊勢原・秦野市域内での発掘調査で旧石器時代の遺跡が相次いで発見されています。そのなかで約3万年前を越える石器群が伊勢原市西富岡・長竹遺跡第4次調査、同市粟窪・林遺跡から発見されました。両遺跡の石器群は約3万5千～3万3千年前の土層から出土しています。

西富岡・長竹遺跡（伊勢原市）
15点の石器が見つかりました。剥片を主体に石核や敲石（たたきいし）が見つかっています。石器には接合関係が認められ、3つの個体になることがわかりました。

粟窪・林遺跡（伊勢原市）
左から2つ目までが台形様石器、右端が加工痕のある剥片です。台形様石器は、柄に取り付けられ狩猟具として使用されたと考えられています。

粟窪・林遺跡（伊勢原市）
2か所の遺物集中部が発見され、合計22点の石器が見つかりました。石器集中部では石器製作が行われたと考えられます。

◆生業

　旧石器時代の生業については、動物質食料の狩猟、植物質食料の採集の二者が考えられます。後者は、寒冷で乾燥した当時の気候の中では、一部の地域を除いて低調であり、前者がその中心を占めていたと考えられます。

　狩猟具は主に台形様石器・ナイフ形石器（約3万8千～2万1千年前）、槍先形尖頭器（約2万1千～1万9千年前）、細石刃（約2万～1万7千年前）の順に変遷します。しかし、当時の狩猟を具体的に示す道具は、石器以外ほとんど見つかっていません。遺構では陥し穴と考えられる土坑を唯一の存在として挙げることができます。

　日本国内で発見されている陥し穴土坑は、東北地方中部、関東～中部地方南部、南島を含む九州地方の3地域に分布の集中が確認されています。

　県内では三浦半島の西側の丘陵上に所在する横須賀市船久保遺跡で合計42基の陥し穴土坑が発見されています。陥し穴土坑は、長方形を呈するものと円形を呈する2種類に分けられます。長方

船久保遺跡（横須賀市）
遺跡は、海岸線から約1km内陸にあり、北東から南西方向に延びる標高30～40mの丘陵上に立地します。本遺跡から合計42基の陥し穴土坑が見つかっています。

形のものと円形のものとで構築時期が異なり、前者が約3万年前、後者が約3万1千年前と推定されています。土坑は列状に配置されており、形状により分布が異なります。分布の違いが狩猟対象獣の違いや狩猟方法の変化を示唆している可能性が指摘されています。

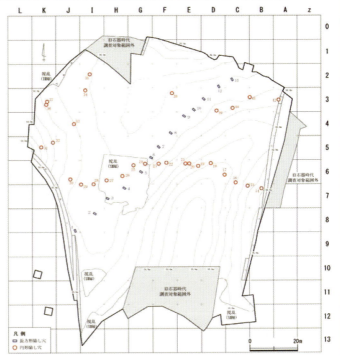

船久保遺跡（横須賀市）陥し穴状土坑配置図
陥し穴土坑は列状に配置され、長方形で北東から南西方向に並ぶ一群と、円形で東西方向に並ぶ一群の2通りのものが見つかりました。

船久保遺跡（横須賀市）の円形を呈する陥し穴土坑
合計29基が見つかりました。開口部がラッパ状に大きく開き、底面に向かうにつれ徐々にすぼまります。底面は開口部の2分の1の大きさになります。

船久保遺跡（横須賀市）の長方形を呈する陥し穴土坑
合計13基が見つかりました。開口部は楕円形や隅丸方形を呈しますが、底面に向かうにつれ長方形となり、底面では幅が狭くなり四隅が突出するという特徴があります。

◆石器製作址

　旧石器時代に製作された石器は、生活するための道具であり生業に欠かせないものでした。石器は用途により狩猟具と加工具に大きく分けることができます。

これら道具は、遊動的な生活の中で適宜製作され、利用に供されてきました。

　約2万1千～1万9千年前の槍先形尖頭器を主な狩猟具とした時期では、狩猟具製作を集中的に行う遺跡が見られます。

蓑毛（みのげ）小林遺跡（秦野市）
約2万1千年前の土層から約3万点の石器が発見されました。石器は狩猟具である槍先形尖頭器を主体とする石器群です。それを製作する際に出た石屑や未製品も見つかっています。

上粕屋（かみかすや）・子易（こやす）遺跡（伊勢原市）
蓑毛小林遺跡とほぼ同時期に属する遺跡です。この遺跡も槍先形尖頭器の製作址と考えられています。ガラス質黒色安山岩と凝灰岩を用いて製作しています。

◆石材と遺跡

　石器は、岩石から作られています。石器に用いられた代表的な石材として、火成岩では黒曜（耀）石、ガラス質黒色安山岩、堆積岩では凝灰岩、頁岩、チャートなどが挙げられます。これらの石材は、どこにでもあるわけではなく、石材毎に分布範囲が限られています。遺跡で発見された石器の石材を分析することで、当時の人々の行動（活動）範囲や、交換・交易などの経済的活動を考えるデータとなります。

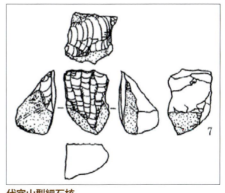

代官山型細石核
代官山遺跡（藤沢市）で確認された細石刃製作技法で、約2万年前に出現します。石材は伊豆柏峠産の黒曜石が用いられます。県下で最も古い細石刃製作技法と考えられています。
出典：神奈川県立埋蔵文化財センター 1986『代官山遺跡』神奈川県立埋蔵文化財センター調査報告 11

1. 西富岡・向畑遺跡、西富岡・長竹遺跡第4次調査
2. 吉岡遺跡群B区
3. 代官山遺跡
4. 打木原遺跡

柏峠黒曜石原産地

代官山型細石刃製作技法が発見された遺跡と石材原産地
代官山型細石刃技法は、伊豆柏峠で採取できる黒曜石を用いるという特徴があります。代官山型細石刃製作技法が見つかっている主な遺跡は図中1〜4です。遺跡の分布はこの技法を担った人が原産地から移動していたルートを示している可能性があります。

◆接合資料

　石器は、石核（または原石）から素材となる剥片（石のカケラ）を打ち欠き、それを加工・整形し作り出されます。遺跡からは石器、剥片、石核が発見されますが、遺跡によって全てがそろって発見される場合や、いずれかのみが発見される、あるいはいずれも発見されないなど様々なパターンがあります。その場にないものは遺跡外へ搬出または前の滞在地に置き去りにされた可能性があり、反対にその場にあるものは、そこで製作された可能性や他の遺跡から持ち込まれた可能性も考えられます。各遺跡における活動内容によって遺跡に残されるものは異なります。

　接合した資料からは、石器製作意図や工程の情報を得ることができます。

　また、別々の遺跡で発見された石器が接合する場合もあります。2000（平成12）年には綾瀬市吉岡遺跡群B区と藤沢市用田鳥居前遺跡で発見された石器同士が接合する「遺跡間石器接合」が確認されました。両遺跡は約2km離れていますが、両遺跡間の直接的なつながりを示す貴重な資料となっています。

菖蒲平台遺跡（秦野市）
50点の資料が接合しました。自然面が所々で見られることから、別の場所で原石をある程度打ち欠き、それを持ち込んだと考えられます。所々隙間があるので、無い部分は遺跡外へ持ち出された可能性があります。（赤枠は個々の剥片を表します。）

◆炉・礫群

遺跡からは、石器の他に炉や礫群が発見されます。炉は地面が焼けて、被熱範囲が橙色に変色しますが、主に黄褐色を呈する関東ローム層の色調と類似することがあり、見つけることが難しいのが現状です。火床を石で囲うなどの特徴があれば、発見は容易になります。

一方、礫群は調理施設と考えられ、多量の焼けた礫で構成されます。石器の分布と重複する場合があり、発見される頻度は高いと言えます。

小保戸（こほと）遺跡（相模原市）
約2万4千～2万2千年前の土層から10か所の石器集中部が見つかり、それと重複して礫群が見つかりました。左側の礫群はやや大きめの礫を中心に環状に小礫が巡っています。

上粕屋・秋山上遺跡（伊勢原市）
約2万4千～2万2千年前の土層から配石炉が見つかりました。中心部にはブロック状の焼土が見つかっています。炉の覆土（ふくど）から白色微細遺物が採取されました。

白色微細遺物
リン・カルシウムを高く含み、ハバース管が確認されています。哺乳類の骨片と考えられます。

(II) 縄文時代

菩提横手（ぼだいよこて）遺跡（秦野市）
縄文時代後期前葉の大形中空土偶です。竪穴（たてあな）住居址の覆土から出土しました。左足の一部と左腕部分が欠けていますが、ほぼ完全な形に復元できました。同時期の筒形土偶に似ていますが、この土偶には手足の造形があります。

　今から約1万6千年前から2,400年前にわたり1万年以上続いた縄文時代は、いまだ食料生産（農耕）を知らない狩猟採集生活の時代とされています。旧石器時代との最大の違いは、豊かな自然環境に裏付けされた定住生活の開始にありますが、縄文時代全体のおおよそ前半期（約1万6千年～9,000年前）にかけては、遊動生活から定住生活への移行期であり、縄文土器の使用をもって時代区分の指標とする考え方には疑問も呈されています。

　縄文時代は、縄文土器の変化に基づき、大きく草創期・早期・前期・中期・後期・晩期の6つの時期に区分されています。縄文時代1万年の間には、急激な温暖化による海水面の上昇（いわゆる縄文海進）に代表されるような自然環境の激変があり、動物相や植物相も変化しました。特に植生の変化が縄文人の生活様式に大きな影響を与えたとされています。植物食を主体とする生活への変化が、食料事情の安定化をもたらし、定住化を促進した要因と考えられます。土器の使用も植物食との関連が想定されます。

◆生業の実態

旧石器時代から縄文時代への移行は、遊動生活から定住生活への変化ともいわれますが、草創期（約1万6千〜1万1千年前）の生活様式は、旧石器時代と大きくは変わりません。早期（約1万1千〜7,000年前）には、温暖化により海水面が上昇し、自然環境は一変します。神奈川県では、貝塚が形成されはじめるのもこの時期です。ただし、旧石器時代以来の伝統が生きており、食料獲得における狩猟の割合が高く、陥し穴が盛んに掘られています。また、蒸し焼き調理遺構とされる集石遺構が多く見つかるのも、縄文時代早期〜前期の特徴です。

早期後半から前期（約7,000〜5,500年前）にかけて、気候の安定化とともに日本列島の植生に大きな変化が生じ、豊かな森の恵みを背景に、縄文人たちは集落を形成し、定住生活を開始します。食料生産（農耕）をしないまま定住生活を達成できたのは、人口の少なさとともに、クリ・ドングリなどの堅果類（けんか）や根茎類などカロリーの高い植物食主体の生活様式へと変化したことが考

蓑毛小林遺跡（秦野市）
縄文時代草創期の炉跡が4基並んで発見されました。うち3基にはC字状の焼土があり、周囲からは礫と多量の炭化物が見つかっています。

戸川諏訪丸遺跡（秦野市）
縄文時代草創期の土器型式である爪形文土器がローム漸移層上面から出土しました。土器は厚手で、口縁部と胴部にはうすく煤状炭化物が付着していました。

えられます。

大量に発見される縄文土器は、植物質食料のアク抜きを目的とした調理具（鍋）としての機能が想定され、大規模な集落が増える中期（約5,500〜4,400年前）には、植物食関連石器とされる打製石斧・磨石（すりいし）・敲石・石皿などが増えます。

中期末から後期（約4,400〜3,300

横野山王原（よこのさんのうばら）遺跡（秦野市）
縄文時代早期以降の住居直下から炉穴が発見されています。炉穴の機能については議論がありますが、火を使う調理施設と考えられています。

上原（かみはら）・長久保（ながくぼ）遺跡（綾瀬市）
縄文時代早期の集石遺構が見つかっています。穴の底面に礫を敷き、側面にも円形に礫が組まれています。

生麦八幡前遺跡（横浜市）
縄文時代中期〜後期の集落からは、多量の縄文土器が発見されています。写真の土器は中期後葉主体ですが、深鉢形土器を中心に様々な器種が見られます。

年前）になると、堅果類の水さらし場としての水場遺構が見られるようになります。また、水さらしだけではアク抜きの難しいトチの実の利用が後期以降盛んになります。灰（アルカリ性）を使ってアク（酸性）を中和する方法は、縄文人が編み出したと考えられています。

ゆるやかな冷涼化の時代とされる後期から晩期（約3,300〜2,400年前）は、大規模集落が解体し、集落の小規模化、分散化が指摘される時期でもありますが、これらも植生の変化による植物食の衰退が一因と考えられます。植物相や動物相が実際に大きく変化したのかどうかは不明な点も多々ありますが、狩猟具である石鏃（せきぞく）が再び増えてくるのもこの時期の特徴です。中期にはほとんど作られなくなっていた陥し穴が増えるのも後期以降です。

近年の研究成果で最も注目されるものが、自然科学分析の進展です。年代測定技術の進歩だけでなく、圧痕レプリカ法や人骨に対する食性分析など、これまで分からなかった領域にまで踏み込んだ分析も進んでいます。従来の縄文時代像に再考を促すような研究が浸透しようとしているのです。

特に進展著しいのが、縄文人による植物利用に関する研究で、ウルシやクリに

西富岡・向畑（むこうばた）遺跡（伊勢原市）
縄文時代中期～後期の集落中央部に位置する埋没谷から水場遺構が発見されました。中期後葉の土坑約60基と後期前葉の木組遺構があり、ともに堅果類のアク抜きに関わる施設と考えられます。

戸川諏訪丸遺跡（秦野市）
台地の尾根上に縄文時代後期の陥し穴群が展開しています。後期の陥し穴は平面形態が円形基調で、深さは2m以上あります。

左図版のツルマメ圧痕部分

勝坂遺跡（相模原市）
縄文時代中期後葉の土器には、ダイズの野生種であるツルマメの圧痕が表面だけで70か所以上見られます。何らかの意図で土器に混ぜ込まれたものと考えられます。

上粕屋・和田内下（わだうちしも）遺跡（伊勢原市）
縄文土器底部の内面に炭化したツルボの球根（鱗茎）がびっしりとはりついていました。調理の際の焦げ付きが残ったものと考えられます。

代表される食用植物・有用植物を管理・栽培していた可能性が指摘されています。神奈川県においても、縄文時代中期の集落跡として著名な相模原市勝坂遺跡では、低湿地の花粉分析からクリ花粉の比率の高さが明らかとなり、集落周辺でクリ林を管理していたと想定されています。

また、圧痕レプリカ法の普及により、マメ類やエゴマなどが土器胎土から多く見つかるようになり、集落周辺において栽培されていた可能性が考えられます。

マメ類ばかりではない多様な植物利用の実態も分かっており、ミズキなど食用には向かないような植物についても、縄文人たちが何らかの用途で集落に持ち込んでいた可能性が指摘されています。

また、土器内部におこげとして付着していた炭化植物についても、研究の進展により具体的な植物種が同定できるようになってきています。

◆環状集落と配石集落

　神奈川県域では、縄文時代中期後葉に集落がもっとも増え、住居数も最大となります。台地平坦部には大規模集落が形成され、集落の中央に広場（墓域）を持ついわゆる環状集落を形作ることが多いことでも知られています。

　対して、中期末から後期初頭にかけて集落は小規模化・分散化するとされますが、後期前葉にふたたび遺跡数・住居数は増加します。後期中葉にわたって、台地縁辺部の斜面地には敷石住居・配石遺構・配石墓などで構成される配石集落と通称されるほど石を多用した集落が現れます。特に、県西部において顕著であり、近年の調査でも後期の配石集落が数多く見つかってきています。

三田林根（さんだはやしね）遺跡（厚木市）
縄文時代中期後半の大規模な集落からは、竪穴住居址が多く発見されています。この時期の住居は床面中央部に炉を持ち、柱穴のすぐ外側に周溝がめぐります。

当麻（たいま）遺跡（相模原市）
縄文時代中期後半を主体とする集落からは、竪穴住居址が50軒以上発見されています。写真の竪穴住居址は、長軸が9mを超える大形のもので、奥壁寄りに石囲炉があり、写真奥の出入口部には左右1対のピット（住居入口にある左右対称の柱穴）と埋甕があります。

稲荷木（いなりぎ）遺跡（秦野市）
縄文時代後期前葉の敷石住居址です。住居主体部だけでなく、入口部分（張出部）の床面にも石がしっかり敷き詰められています。

菩提横手遺跡（秦野市）
縄文時代後期中葉の敷石住居址の前面には比高差があり、住居張出部に取り付くように石垣状の列石が見られます。列石の前面には立石を伴う配石群が集中しています。

稲荷木遺跡（秦野市）
斜面地の等高線に沿うように三段に亘って後期前葉〜中葉の居住域および墓域・祭祀域が分布しています。住居は一定の場所に激しく重複して造られます。

稲荷木遺跡（秦野市）
縄文時代後期中葉の敷石住居址です。この時期の敷石住居は炉の周囲から張出部にかけてのみ敷石するタイプが多くなります。また、床面の柱穴配置に沿うように「環礫方形配石」が造られたり、主体部の外側にも石を積んだ「周堤礫」が見られます。

大島古清水遺跡（相模原市）
縄文時代後期中葉を主体とする敷石住居址とその前面に取り付く列石・配石群が見られます。列石は斜面に沿って石垣状に積まれているものもあります。

◆墓とまつり

縄文時代中期の環状集落の中央広場には、墓域が見つかることが多く、土坑墓群が形成されます。

対して、縄文時代後期の配石集落では、住居群で構成される居住域の前面、特に住居が激しく重複する特定住居の前面に墓域・祭祀域が配置される傾向にあります。

中期の墓域は、円形基調の土坑墓群に限定されますが、後期の墓域は、長楕円形・長方形基調の土坑墓・配石墓群が主体となり、屈葬から伸展葬へ変化したと推定されています。

また、後期の墓域の上部には配石遺構群で構成される祭祀域が重複することが多く、上部配石群と下部墓坑群という関係性が窺えます。ただし、墓域と祭祀域は重複しますが、個別の墓の上に個別の配石が重なるとは限らず、多少の時間差が想定されています。

縄文時代後期は、土偶や石棒(せきぼう)などの祭祀遺物が多く見つかることでも知られています。異形台付土器(いけいだいつき)など実用品とは思われないような土器が多く作られるのも後期の特徴です。縄文人の複雑な精神世界を反映した多種多様なまつりの姿が垣間見えます。

称名寺(しょうみょうじ)貝塚(横浜市)
学史に残る貝塚遺跡である称名寺貝塚からは多数の埋葬人骨が発見されています。「浜辺の送り」と通称される埋葬・祭祀行為があったのかもしれません。

天神山遺跡（小田原市）
縄文時代中期中葉～後葉の環状集落が発見されています。ただし、居住域に囲まれた中央墓域の土坑墓は、ほとんどが中期中葉（勝坂式期）で、中期後葉（曽利式期）を主体とする住居群とは時期が異なります。

上粕屋・秋山遺跡（伊勢原市）
縄文時代後期前葉～中葉の配石遺構群が良好な状態で見つかっています。立石を伴う配石遺構は群を形成し、部分的には方形に組まれたようにも見えます。これらの下部からは土坑墓や配石墓が見つかっています。

子易・中川原遺跡（伊勢原市）
縄文時代後期中葉〜後葉の墓域が発見されました。30基の土坑墓と50基の配石墓が狭い範囲に集中していました。お墓の内部には副葬土器が置かれるものもあります。

子易・中川原遺跡（伊勢原市）
縄文時代後期中葉の配石墓です。副葬土器はありませんでしたが、石を長方形に配置して石棺状の墓坑を造り、上面にはサイズの小さな石を楕円形に並べています。

子易・中川原遺跡（伊勢原市）
縄文時代後期中葉の配石墓です。同じく石を長方形に配置して石棺状の墓坑を造り、上面には蓋のように大きな石を並べています。少し幅広になる東側が頭側、少し狭くなる西側が足側と推定されます。

上粕屋・秋山遺跡（伊勢原市）
縄文時代後期前葉の集落（居住域）から少し外れた位置に立石を伴う配石遺構が見つかりました。立石の周囲には平石を並べています。立石には大形の石皿が用いられていました。

上粕屋・秋山上（あきやまかみ）遺跡（伊勢原市）
縄文時代後期前葉の遺構から縄文時代中期の大形石棒が出土しています。石棒は頭部に彫刻文様を持ち、被熱していました。下半部は約20m離れた住居の敷石に転用されています。

上粕屋・秋山遺跡（伊勢原市）
縄文時代後期前葉の土偶が見つかっています。下半身と顔面の一部が欠けていますが、外見は平塚市王子ノ台遺跡出土の中空大形土偶によく似ています。

子易・中川原遺跡（伊勢原市）
縄文時代後期中葉～後葉の異形台付土器が5個体出土しています。後期中葉の土器はほぼ完形で、後期後葉の土器は口縁部と高台部が欠けた状態で発見されています。異形台付土器を用いた祭祀の伝統があったのでしょうか。

◆地域間交流

縄文時代は、地域文化の集合体とも言える一集落、一地域に閉じられた世界ではありますが、同時に石器石材や特殊な祭祀遺物などは遠隔地まで運ばれていたことが分かっています。

例えば、神奈川県で発見される黒曜石はおおむね神津島や箱根周辺、長野県を中心とする地域を産地とすることが分かっています。大珠（垂飾）などの石材となるヒスイ（翡翠）は新潟県糸魚川周辺、コハク（琥珀）は千葉県銚子周辺などが産地として有名です。

東正院（とうしょういん）遺跡（鎌倉市）
縄文時代前期末葉の遺構からアオトラ石製の磨製石斧が出土しています。アオトラ石は北海道日高地方で産出される緑色岩で、北海道から東北地方の縄文遺跡では、磨製石斧の石材として使われます。石材か製品が神奈川県まで運ばれたようです。

柳川竹ノ上（やながわたけのうえ）遺跡（秦野市）
縄文時代前期後葉の北白川下層式土器が出土しています。北白川下層式土器は近畿地方から東海地方西部を中心に分布する土器型式です。秦野市域は縄文時代を通じて東海地方との関連の強さが窺えます。

神成松（かみなりまつ）遺跡（伊勢原市）
縄文時代後期初頭の土器内部に43個の黒曜石の原石（未加工）が入っていました。収納のためなのか用途は判然としませんが、貴重な石器石材として大切にされたようです。

東開戸（ひがしかいと）遺跡（秦野市）
縄文時代中期の所産と推定されるコハク製の大珠とヒスイ製の大珠が見つかっています。

神成松遺跡（伊勢原市）
縄文時代中期中葉の土偶装飾付土器が出土しています。竪穴住居址から土偶装飾部分のみ発見されました。このような土偶装飾付土器は、山梨県・長野県を中心とする中部山岳地帯に類例が知られます。

子易・中川原遺跡（伊勢原市）の岩版【後期中葉】
縄文時代後期中葉の岩版が出土しています。直線と三角形を基調とした陰刻文様が見られます。北陸・中部地方に分布するタイプの岩版です。

酒見新堂遺跡（石川県）の岩版【後期中葉】

藤内（とうない）遺跡（長野県）の土偶装飾付土器
【神像筒形土器、中期中葉】

上粕屋・秋山遺跡（伊勢原市）
縄文時代後期前葉の石刀が完形で見つかりました。東北地方北部に分布する「荊内（しだない）型石刀」と呼ばれるタイプで、製品が持ち込まれたものと考えられます。

コラム 最近の特筆すべき遺跡

▶西富岡・向畑遺跡◀

(1) 中期〜後期の埋没谷（水場）

　伊勢原市西富岡地内に所在する西富岡・向畑遺跡は、新東名高速道路建設に伴い、2007（平成19）年度から2022（令和4）年度に亘って約50,000㎡を対象に発掘調査が実施されました。縄文時代中期後葉〜後期前葉の集落跡が発見されていますが、前述したように集落中央部には埋没谷があり、該期の水場遺構とともにトチの実やオニグルミの種実片が多量に出土しました。また、埋没谷はその地形から地下水が集まりやすく、通常の遺跡では遺存しないような木質遺物が出土しています。

　谷底に分布する中期後葉の土坑群の内部からは、ササ類などで編まれた籠や敷物と思しき編組製品が出土しています。クリ材を刳りぬいて作られた木製容器や石斧の柄なども見つかっています。

　発見当初から注目を集めた漆塗土器（中期後葉）は、立体的な文様・造形が特徴的で、赤漆と黒漆で塗り分けられるなど縄文時代の色彩を残す貴重な事例です。

(2) 晩期初頭の埋没林

　縄文集落の東側丘陵には地すべり地形が確認されていましたが、地すべり層の下位から倒れた樹木が次々に発見され、樹木周囲から発見された特徴的な火山灰（天城カワゴ平火山由来）や樹木年輪の分析などから、これらは晩期初頭（約3,150年前）の地すべりによって埋没したことが分かりました。

　一気に埋没し、酸素が遮断されていたため、数十〜百本程度の樹木はほとんどが生木の状態で、枝葉や樹皮、樹皮に生えたコケまで残っていました。林床に繁茂していたササ類も良好に残されています。樹種同定により、シデ・カエデ・ケヤキが優占する落葉広葉樹林だったことが判明しています。

　また、森林に棲息した昆虫類も1,000点以上出土しています。オオセンチコガネなどの糞虫類が多く、セミの幼虫が多いのも特徴的です。

種実の出土状況
縄文時代中期後葉〜後期前葉の水場遺構からは、トチやクルミの種実片が多数見つかっています。当時の植物質食料の実態を示しています。

縄文時代晩期初頭の埋没林

埋没林から出土したアオオサムシ

漆塗土器の出土状況
縄文時代中期後葉の壺形土器で口径約14cm、最大径24cm、高さ16cmです。正位で出土しました。

編組製品の出土状況
縄文時代中期後葉の土坑内部から籠と推定される編組製品が出土しています。本来多く使われていたであろう有機質の遺物はなかなか残りません。

▶稲荷木遺跡◀

（1）中期〜後期の配石集落

　秦野市戸川地内に所在する稲荷木遺跡は、新東名高速道路建設に伴い、2016（平成28）年度から2021（令和3）年度に亘って約15,000㎡を対象に発掘調査が実施されました。

　縄文時代中期〜後期の大規模集落が発見されており、300軒以上の住居址が確認されています。その他にも配石墓を含む配石遺構350基、土器埋設遺構・土器集中360基、土坑墓を含む土坑850基などがあり、整理箱6,500箱ほどの膨大な量の遺物が出土しています。特に、後期前葉〜中葉を主体とする集落は特徴的で、斜面地の等高線に沿うように三段に分かれて居住域（住居群）、墓域（土坑墓・配石墓群）、祭祀域（配石遺構群）のまとまりが連なっています。立地の違いを時期差だけでは説明できない検出状況であり、珍しい集落構造となっています。

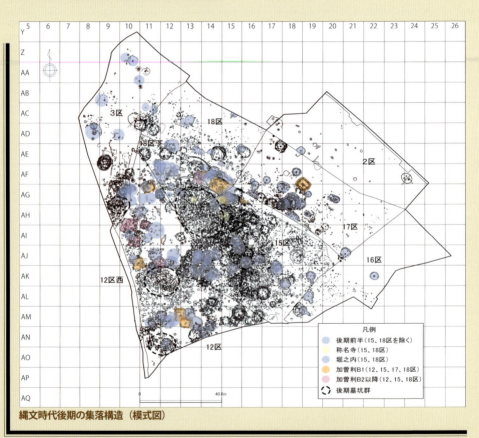

縄文時代後期の集落構造（模式図）

(2) 敷石住居址の諸相

後期前葉〜中葉の集落からは約120軒もの住居址が発見されていますが、そのほとんどが大きな石を多用した敷石住居址です。ただし、それらの形態は一様ではなく、多種多様な姿が見られます。

特に、18区J31号住居址の床面には炭化材が良好に遺存しており、住居床面と考えられる敷石面よりもわずかに低い位置から検出されました。入口から炉にかけての敷石を取り囲むように木材を配置し、住居内の空間を炉を境に二分割しているように見えます。柱穴間を結ぶように住居に沿って材を巡らせている箇所もあります。

方形配石遺構【後期前葉〜中葉】
大きな自然石を方形に配置する配石遺構です。石を地面に平らに置いています。おそらく石で囲われた内部空間に何らかの意味があったものと考えられます。

環状立石遺構【後期中葉〜後葉】
大きな自然石を分厚く環状に配置する配石遺構です。もっとも内側の石が垂直または斜位に立てられ、立石となり、立石の周囲には平石が置かれます。

15区J3号住居址【後期前葉】
住居主体部と張出部の床面前面に石を敷く敷石住居址です。主体部と張出部の境から周堤礫（しゅうていれき）が取り付き、住居全体をカマボコ形に囲っています。

18区J31号住居址の炭化材検出状況【後期前葉】
石囲炉周辺から張出部のみに石を敷く敷石住居址です。石囲炉の周囲や住居奥壁側の床面下位から炭化材が検出されました。また、住居を支えた柱も炭化して残っています。

(Ⅲ) 弥生時代

　弥生時代は朝鮮半島・中国大陸との対外交流により外来文化が流入し、日本列島の在地文化が影響を受けて変容したことを契機として始まります。対外交流を通じて、水田稲作やアワ・キビ畠作といった農耕技術、太形蛤刃石斧（ふとがたはまぐりばせきふ）や扁平片刃石斧（へんぺいかたばせきふ）、柱状片刃石斧（ちゅうじょう）といった大陸系磨製石器、青銅や鉄を使用した金属器が日本列島各地へ広がっていきます。対外交流の窓口は九州北部ですが、遠く離れた神奈川県においても外来文化の影響が波及し、社会の変化が起きていきます。

　関東地方は北海道・南西諸島を除いた日本列島において最も稲作の定着が遅かった地域といわれています。これは九州北部が弥生時代的な生活に変化し始めたころ、関東地方は前代の縄文時代的な生活を送っており、弥生時代へと変化をしていくようになるまで、時間差があったためです。このように九州北部から始まった弥生時代への変化は各地域に時間差をもって伝播していったと考えられています。

河原口坊中（かわらぐちぼうじゅう）遺跡　（海老名市）
様々な金属製品が出土しています。小銅鐸の出土は神奈川県内では3例目となります。板状鉄斧は形態的な特徴から朝鮮半島で製作されたものと考えられ、広範囲での交易と流通が行われていたことを示しています。板状鉄斧の長さは28.5cmです。

◆農耕集落成立以前

　神奈川県では弥生時代前期後半から遺跡が出現し、山裾に近い場所に分布しています。この時期に属する明確な住居址は発見されていません。発見されている遺構は、縄文時代から利用されている陥し穴や火を焚いた痕跡である焼土跡、木材などを燃やして生じた炭が集中した痕跡である炭化物集中、円形を呈する土坑が挙げられます。

　住居址が見つかっていないため、居住の実態は不明です。集落の形成も不明瞭なため、短期間で移動を繰り返して生活していた集団がいたり、アワ、ヒエ、キビ、トチノキといった雑穀類やイネの存在が確認されており、イネを除いた雑穀類の栽培を行っていたと考えられていることから、定住をしていた集団がいたとも考えられます。

　土器の様相も変化します。文様や装飾は縄文時代由来のものが残りつつ、東海地方に由来する条痕文や東北地方に由来する三角形や菱形の沈線文の影響を受けたものが現れます。器の形には壺や甕が出現するほか、鉢や弥生時代中期後葉以降には高杯が見られるようになります。平沢同明遺跡（秦野市）では東海地方の影響を受けた遠賀川系土器が出土しており、弥生文化伝播の指標となっています。

北原遺跡（清川村）
火を焚いた場所の土が焼けて、赤くなっています。火を使っていた痕跡であり、この遺跡で生活をしていたことがわかります。

子易・中川原遺跡（伊勢原市）
弥生時代前期の土器片です。沈線や粘土紐の貼り付けによって施文・装飾されています。条痕文もみられます。

菖蒲内開戸（しょうぶうちかいと）遺跡（秦野市）
弥生時代前期後半から中期初頭の壺、甕、鉢が出土しました。文様には縄文のほか、条痕文やヘラ状工具によるナデやミガキが施されているものもあります。

◆大規模集落の成立と展開

　神奈川県では弥生時代中葉に中里遺跡（小田原市）のような本格的な農耕集落が出現します。

　中期後葉になると周囲を環濠と呼ばれる大きな溝で囲んだ集落が出現します。集落から少し離れた場所に墓域の存在が確認されている遺跡もあります。大塚・歳勝土遺跡（横浜市）が好例です。弥生時代後期から古墳時代初頭にいたるまで、環濠集落は神奈川県内各地に出現します。近年の調査では舞岡熊之堂遺跡（横浜市）において弥生時代後期の環濠集落が確認されています。

　これまでは主に台地上に展開する集落が調査されてきましたが、自然堤防上（低地）において発掘調査が行われたことにより、水辺での集落形成が盛んであったことが明らかになってきました。特に相模川左岸の中流域から下流域には弥生時代中期後葉から古墳時代前期まで、大規模な集落が複数の箇所で存在していました。

中里遺跡（小田原市）
弥生時代中期中葉の竪穴住居址102軒、掘立柱建物址73棟が見つかっています。居住域と墓域、生産域を含めた集落の範囲は南北400m、東西400mの16万㎡と推定されています。

社家宇治山（しゃけうじやま）遺跡（海老名市）
相模川左岸の自然堤防上に位置する遺跡です。標高は16～17mで、弥生時代後期から古墳時代前期まで継続的に集落と墓が営まれました。弥生時代後期から古墳時代初頭の竪穴住居址30軒、方形周溝墓17基が確認されています。

舞岡熊之堂遺跡（横浜市）
標高55～60mの丘陵上に位置する弥生時代後期の環濠集落です。居住域の北側・西側・南側を囲む環濠が確認されました。写真は環濠西側のベルト部分で幅は1.6m、深さ1.5mで断面はV字状を呈しています。

◆新たな墓制の出現と変化

弥生時代前期から中期前葉にかけては、縄文時代からある再葬墓が見られます。再葬墓は一度遺体を埋めた後、骨を回収して土器に収め、再び埋葬する墓制のことを指します。

中期中葉には低い墳丘を持ち、その周囲を溝で囲む方形周溝墓が出現し、古墳時代前期にいたるまで県内各地で造られます。中期後葉以降には複数の土器を組み合わせて棺として使用する土器棺墓が出現し、様々な墓制が見られるようになります。

また、ガラス玉や管玉などの玉類、鉄剣や細板状の鉄素材を腕輪状にした鉄釧といった鉄製品、青銅を腕輪状にした銅釧や指輪状にした小銅環といった銅製品も副葬されるようになります。

新羽浅間神社（にっぱせんげんじんじゃ）遺跡（横浜市）
骨を納めたと考えられる小型の壺が出土しました。この遺跡では3基の再葬墓が見つかっており、1号土坑墓からは大型の甕が、3号土坑墓からは小型の甕が出土しています。

御茶屋通（おちゃやどおり）遺跡（南足柄市）
方形周溝墓の主体部（埋葬施設）から鉄剣とガラス小玉が出土しました。鉄剣の長さ34.3cm、ガラス小玉（一番上）の直径9㎜。

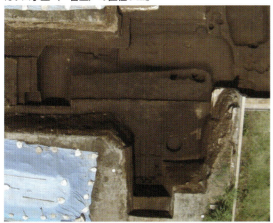

墨染（すみぞめ）遺跡（平塚市）
高杯と壺を組み合わせて棺にしています。再葬墓の系譜を持つと考えられています。この土器棺の中からガラス小玉が10点出土しました。歳勝土遺跡（横浜市）や河原口坊中遺跡（海老名市）でも土器を組み合わせた土器棺が見つかっています。

47

◆食料生産

　農耕集落を形成するにあたり、稲作を行う水田や雑穀などを作る畑といった場所（生産域）が必要となります。神奈川県では弥生時代の水田跡は見つかっていない状況でしたが、中里遺跡（小田原市）や上粕屋・和田内下遺跡（伊勢原市）において水田を区画する畦畔が確認されました。

　アワやヒエなど雑穀類の生産域は不明な点が多く明確なことはわかっていません。雑穀類の種別については、土器製作時に混入した雑穀類の圧痕を調べる技術が進展しており、明らかになってきています。

真田・北金目（きたかなめ）遺跡群（平塚市）
竪穴住居址からオニギリ状の炭化物が3点出土しました。底に籠状の圧痕が残っており、籠などの容器に入れられていた可能性があります。また、炭化米が1万粒以上（重さ約5.3kg）出土しています。

菖蒲内開戸遺跡（秦野市）出土土器から得られた圧痕レプリカの走査型電子顕微鏡写真（左：キビ　右：ヒエ）
土器に残っている圧痕にシリコンを流し込み、型取りしたものを顕微鏡で観察します。出典：公益財団法人かながわ考古学財団 2022『菖蒲内開戸遺跡Ⅱ』かながわ考古学財団調査報告 325

中里遺跡（小田原市）
水田を区切る畦畔に杭が打ち込まれていました。畦畔をより強固にするためのものと考えられます。板付遺跡（福岡県）や登呂遺跡（静岡県）においても杭等を打ち込んだ畦畔が見つかっています。

上粕屋・和田内下遺跡（伊勢原市）
弥生時代末〜古墳時代前期の水田跡で、畦畔が確認されました。建築部材や木製品を転用した杭列も見つかっています。

◆海と洞窟の利用

　三浦半島では弥生時代に海蝕洞窟が利用されていたことがわかっています。弥生時代中期後葉から後期にかけての土器や石器のほか、様々な種類の貝殻を用いた製品や魚類の骨を利用した骨角器など、海で採取可能な素材を利用した人々の生活を表すような遺物が見つかっています。また、占いに使用されたと考えられている卜骨(ぼっこつ)が出土しており、洞窟を利用した人々の儀式や儀礼行為を窺うことができる資料となっています。

　近年では海を介した流通や交易についても議論が進んでいます。

　注目されるのはオオツタノハです。オオツタノハは大隅諸島、トカラ列島に生息することが知られていましたが、伊豆諸島南部の八丈島・御蔵島(みくらじま)・三宅島に生息することが明らかにされ、三宅島ココマ遺跡(東京都)の調査によってオオツタノハが大量に出土したことからこの貝を求めた人々が海を渡り、採取していたことがわかりました。

　このように海の知識を有し、交易などの活動を行っていた人々を弥生海人(かいじん)として定義する動きもあります。

間口（まくち）洞窟遺跡（三浦市）
アワビ貝殻製貝包丁のほか、アワビ貝殻製の鏃や加工途中のアワビ貝殻も見つかっています。そのほか、ハマグリなどの貝殻の縁辺部を加工して刃を付けた貝刃が製作されています。

間口洞窟遺跡（三浦市）
貝殻を加工して製作された腕輪（貝輪）です。ボウシュウボラガイ、タマキガイなどが用いられています。写真右下の貝輪片はオオツタノハで外面が磨き上げられています。

毘沙門B洞窟遺跡（三浦市）
三浦半島の基盤層には柔らかい粘土質の層（三崎層）と硬い凝灰岩の層（初声層）があり、波の浸食作用によって三崎層が削られて初声層が残ることで空洞がつくられました。

© 細川惠司

◆新たな製品製作技術

弥生時代中期中葉になると大陸系磨製石器、中期後葉には鉄製品が出現し普及します。これに伴い木製品の加工技術が発展し、精緻な加工を行うことができるようになりました。河原口坊中遺跡（海老名市）から出土した木製高杯をはじめとする多量の木製品類はそのことを物語っています。

鉄製品を製作する鍛冶技術も伝わってきました。九州北部やその周辺では高度な鍛冶技術を有しており、重厚な鉄製品の製作が可能だったようですが、関東地方における鍛冶技術は薄板状の鉄素材を加熱して裁断し形を整えた後、研磨することで刃を付けて製品として仕上げるという簡易なものでした。

神奈川県では倉見才戸遺跡（寒川町）2号住居址で鉄素材を裁断した際に生じる鉄片が出土していることから、上記のような技術を用いて、鉄製品の製作を行っていたと考えられています。

河原口坊中遺跡（海老名市）
1つの材を加工して作られた一木造（いちぼくづくり）の高杯です。木材にはケヤキが用いられています。写真の高杯は高さ21.8cm、杯部の口径28.1cmの大きさです。

河原口坊中遺跡（海老名市）
大陸系磨製石器が多数出土しました。木の伐採から木材の加工まで用途に応じて様々な形態と大きさの石器を使い分けています。

倉見川端遺跡（寒川町）
鉄製の鉇（やりがんな）です。鉇は木材加工用の工具で、先端部に刃が付いています。大きさは長さ4.8cm、幅1.5cmで、基部に穴が2つ設けられています。木材加工には小型の板状鉄斧も用いられていました。

倉見才戸（くらみさいど）遺跡（寒川町）
鉄素材を裁断した際に生じる三角形状や細板状の鉄片が出土しました。竪穴住居址内には炉が2基あり、簡易な鍛冶を行っていたと考えられます。

コラム 注目の遺跡

▶中里遺跡◀

　関東地方における本格的な農耕集落の成立を物語るのが中里遺跡（小田原市）です。弥生時代中期中葉に位置付けられ、住居址や掘立柱建物址で構成される集落域、稲作を行う生産域、方形周溝墓が群をなして造られる墓域の3つの領域を有している点が特徴です。

　集落域は河道と溝を利用して区画されています。弥生時代中期後葉以降に出現する集落周辺を環濠で囲む大規模集落の前身ともいうことができる遺跡です。

　大阪府池上曽根遺跡などで見つかっている独立棟持柱（むなもちばしら）建物址が本遺跡でも確認されています。この建物址は集落の中心に位置し、農耕に伴う儀礼や祭祀の場であった可能性が指摘されています。

大型竪穴住居址（30A号竪穴住居址）
竪穴住居址の多くは長軸が約4～5m程ですが、写真の竪穴住居址は長軸9.3m、短軸7.3mあります。集落内ではこのような大型の竪穴住居址が数軒確認されています。

独立棟持柱付建物址（20号掘立柱建物址）
桁行9.2m、梁行4.2mの両妻に廂（ひさし）が付く構造で、外側に棟を独立して支える柱が配置されています。棟持柱間は14.3m、廂間は10.7mあり、大型の建物であることがわかります。

方形周溝墓（40号方形周溝墓）
墓域からは方形周溝墓が46基見つかりました。大きさは4mから17mのものまで幅がありますが、その中でも40号方形周溝墓は長さ17.2m、幅13.4mと最も大きな方形周溝墓です。

旧河道跡（きゅうかどうあと）（1・2号旧河道跡）
幅15m、深さ1mほどの河道であり、居住域の北側から西側に位置しています。集落の内外を区画するために利用されていました。

▶河原口坊中遺跡◀

相模川・中津川・小鮎川の3河川が合流する地点の自然堤防上に位置しています。弥生時代中期から古墳時代前期のいくつも重なる住居址、方形周溝墓や土器棺墓といった墓、旧河道とそれに伴うしがらみ状遺構が見つかっており、河川沿いに住む人々の様相を窺うことができる遺跡です。

河川に近い立地のため、地下水位が高く、通常では残りにくい木製品や動物骨といった有機質遺物のほか、銅製品、鉄製品など多種多様な遺物が出土しています。

木製品は鋤・鍬、横槌(よこづち)などの農耕具のほか、機織具(はたおり)、祭祀具、剣の鞘、編組製品や樹皮を利用した紐状の製品も見つかっています。

動物骨はシカやイノシシ、クマやオオカミのほか、カツオまたはマグロ、サメ、コイなどの魚類、カモなどの鳥類が確認されています。銅製品には神奈川県内で3例目となる小銅鐸をはじめ、貝輪を模して製作された有鉤銅釧(ゆうこう)、指輪状の小銅環が見られます。

鉄製品は板状鉄斧(ばんじょうてっぷ)と呼ばれる板状の斧が出土しています。細長く、厚みのある特徴的な形態をしており、朝鮮半島で製作されたものであることがわかっています。交易・流通によって朝鮮半島から遠く離れた神奈川県にもたらされたようです。

竪杵(たてぎね)と臼
竪杵(写真左)の木材はコナラで長さ114.7㎝、竪杵(写真中央)の木材はクヌギで長さ121.0㎝、臼(写真右)の木材はケヤキで高さ43.3㎝、外径61.5㎝あります。籾の脱穀に使用されたと考えられています。

一木鋤(いちぼくすき) 出土状況
ほぼ完形の一木造りの鋤で、鋤身は二股に分かれており、握り部分は逆三角形となっています。木材にはアカガシが用いられています。全長122.4㎝、鋤身の幅は21.8㎝で、握り部分や全体の形状は現在の掘削道具とほぼ同じです。

しがらみ状遺構(3・4号しがらみ)
直径1.5〜2.0㎝の女竹(めだけ)状の中空の素材(竹類)を縦と横に組んで柵状にしています。河川に設置し、魚を誘導し、漁を行っていたと推測されます。

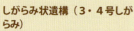

しがらみ復元イメージイラスト

▶真田・北金目遺跡群◀

　秦野市方面から東に張り出した北金目台地の先端付近に位置する平塚市内の遺跡群です。弥生時代中期から古墳時代前期にかけての集落と墓が見つかっています。25万㎡以上と広大な範囲の発掘調査が行われています。

　弥生時代中期後葉および後期の複数の環濠が複数見つかっていますが、いずれの環濠も全様は把握できていません。

　本遺跡群内は細長く伸びた台地と谷が複雑に入り組んでいたようで、水が湧き出る谷戸が存在していました。弥生時代に生活していた人々はその湧水を活用するために、堰を設けて水を溜められるようにして、木製品用の貯木施設としての利用や木の実のアク抜きを行っていたと考えられています。

　方形周溝墓からはガラス小玉や金属製品が出土しています。注目されるのは弥生時代中期後葉の方形周溝墓の一つから多量の土器の出土があり、その中からシカが描かれた壺が出土したことです。

シカが描かれた壺
赤く塗られた壺の頸部に角を持った4頭のシカが描かれています。シカが描かれた土器は他地域でも出土しています。銅鐸に描かれる場合もあります。

方形周溝墓出土金属製品
鉄製の剣のほか、青銅製の腕輪（銅釧）や青銅製の指輪（小銅環）が出土しています。写真左上の銅釧は3つが連なって出土しました。

34A区全体写真
多数の竪穴住居址が重なりあった状態で見つかりました。環濠は遺跡群内の複数箇所で確認されており、いくつかの集落に分かれていたようです。

(Ⅳ) 古墳時代

戸田小柳遺跡（厚木市）
双頭龍紋鏡（上：鏡面、下：鏡背面）

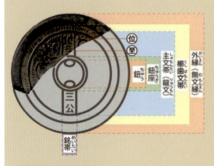

双頭龍紋鏡模式図

　3世紀後半ごろから奈良県を中心とする近畿地方で古墳が造られるようになり、その後全国各地でも同様に古墳が造られるようになります。

　古墳時代前期の神奈川県は、弥生時代からの伝統的な墓制である方形周溝墓が継続して築造されている一方で、前方後円形や前方後方形、円形などの平面形を持つ古墳が築造されていきます。秋葉山古墳群第3号墳（海老名市）が最も古い古墳で、平面形が帆立貝のような形状をしています。

　古墳時代中期になると古墳数が減少し、副葬品に武器類を持つ古墳が中心となります。古墳時代後期から終末期になると古墳数は増加し、円墳を中心とした古墳が群集して築造されていきます。また、丘陵や崖の斜面に横穴を掘って死者を埋葬した横穴墓も群集して造られていきます。

　神奈川県は全国的に見ても横穴墓が集中する地域として知られており、副葬品も古墳と同様の威信財が副葬されている横穴墓も発見されている事が特徴といえます。横穴墓は沿岸部や鶴見川流域から内陸へと展開していったと考えられています。

◆古墳の出現と展開

　方形周溝墓が築造されると同時に、首長墓と見られる古墳が築造されていきます。首長墓には、弥生時代後期から連続して造墓する真田北金目遺跡群(平塚市)のパターンと、畿内的な古墳の様相(鏡などが副葬されるなど)を持つ真土大塚山(しんどおおつかやま)古墳(平塚市)のパターンとがあります。中期になると、古墳数が減少し、円墳が主体となり、竪穴を掘った埋葬施設が主流となります。

大(応)神塚(おうじんづか)古墳(寒川町)
前方後円墳で、古くは1908(明治41)年に坪井正五郎の指導で発掘が実施され、鏡や直刀(ちょくとう)が出土しています。当時、古墳が調査されるのは大変珍しく、新聞に発掘調査の様子が掲載されています。

谷津金ノ台(やつかねのだい)遺跡(小田原市)
3世紀末の前方後円墳で、底部穿孔(せんこう)土器が出土しています。小田原市では最古の前方後円墳で、県内では秋葉山3号墳(海老名市)に次ぐ古い古墳です。

及川伊勢宮(おいがわいせみや)遺跡(厚木市)
県内に数少ない前方後円墳で、発掘調査前は円墳と考えられていましたが、発掘後に前方後円墳であることがわかりました。発掘調査では、前方後円墳と方墳、円墳など計4基の古墳が発見されています。

◆群集する後期・終末期古墳

　後期から終末期になると、古墳数が増加し、円墳中心の古墳群が形成されていきます。埋葬施設には横穴式石室が導入され、自然石積みの石室が主流となります。初期の横穴式石室が三ノ宮・下谷戸遺跡（伊勢原市）で発見されています。また、この時期になると、横穴墓が群集して造られます。そこでは、馬具や大刀、鏡など古墳から出土するような遺物が副葬されることもあります。

長谷小路周辺遺跡（鎌倉市）
古墳時代後期とみられる石棺墓が発見されており、中からは埋葬された姿勢のままの人骨が見つかりました。被葬者は、15歳前後の男性で、身長は156.2cm、頭を南東に向けて仰向けで体を伸ばした仰臥（ぎょうが）伸展の姿勢をしています。

大津古墳（横須賀市）
3基で構成された古墳群です。1号墳は右片袖式横穴式石室で、埼玉県北西部または群馬県東部から搬入されたと見られる埴輪が出土しています。

菩提横手遺跡（秦野市）
葛葉川右岸の丘陵南斜面に4基の円墳が整然と東西に並んで築かれており、直刀や鉄鏃などが出土しています。

子易・中川原遺跡（伊勢原市）
上段は削平されているため不明ですが、後期・終末期では、県内唯一の方墳で、墳丘内に2重の円形の列石と墳丘裾に方形の列石が廻っています。列石の状態から上円下方墳の可能性が指摘されています。

上粕屋・久保上（くぼうえ）遺跡（伊勢原市）
丘陵斜面に群集する横穴墓群が発見されています。羨道部や前庭部に石積みを施したり、入口部に立石を用いた横穴墓も造られています。

上粕屋・子易遺跡（伊勢原市）
周溝などを持たない小石室が発見されています。規模が小さいことから、大人の改葬墓の可能性もありますが、子供のお墓と考えられます。

中依知（なかえち）遺跡群（厚木市）
中津川に面した丘陵上部では横穴式石室を持つ古墳が見つかっています。また、丘陵斜面には10基の横穴墓群が造られており、玄室に通ずる道である羨道（せんどう）部に石積みを施した横穴墓も発見されています。

◆集落の様相

集落は、古墳時代前期では台地上を中心に多く発見されています。中期になると極端に減少しますが、近年の調査で相模川沿いの自然堤防上でも集落が発見されており、竪穴住居にカマドが導入される時期の様相が明らかになりました。後期になると、集落は増加傾向となり、小田原市周辺では水田・畑などの生産遺跡と共に発見されています。水田跡関連とみられる遺構からは、祭祀などを行った痕跡や木製品などが多く見つかっています。

粟窪・林台遺跡（伊勢原市）
住居址から壺、甕、器台や伊勢湾岸地域に起源を持つS字状口縁台付甕（こうえんだいつきがめ）と呼ばれる土器が出土しています。周辺からも前期の住居址が発見されています。

上粕屋・和田内遺跡（伊勢原市）
前期の焼失住居で、屋根材と見られる炭化材が発見されています。前期の住居で屋根材が分かる事例は、大変珍しいです。

天神谷戸遺跡(二宮町)
前期の水田跡で、微高地に居住域、低地に水田が広がる集落が展開したとみなせます。古墳時代の水田跡は、県内ではほとんど発見されておらず、集落の様相も分かる貴重な事例と言えます。

公田平台(くでんたいらだい)遺跡(横浜市)
カマド跡と炉跡が併設された竪穴住居址が検出されています。カマドは、泥岩の切石を用いて箱状に組まれた特殊な構造をしています。

別堀前田(べっぽりまえだ)遺跡(小田原市)
古墳時代前期に構築された水路で、水田などの耕作に伴う遺構とみられます。また、木製品も多数発見されており、柄付木製品、木槽、梯子などがみつかっています。桃の種も多量に出土しています。

◆鏡の世界

古墳時代では、鏡は威信財として副葬されることが一般的ですが、神奈川県では集落からも多く出土しています。集落でも、住居址や水辺の祭祀に関係する遺構から出土することが多く、古墳から出土する鏡と集落から出土する鏡とは役割が異なっていたと見られます。また、水辺から出土する鏡を見ると、鏡の製作時期と出土する遺構の時期は異なることが多く、伝世したものが使用されたと考えられます。

戸田小柳遺跡（厚木市）
古墳時代前期に製作されたと考えられる双頭龍紋鏡が、後期の溝から出土しています。この鏡には、意図的に傷がつけられていました。

倉見川端遺跡（寒川町）
古墳時代前期の住居から乳文鏡が出土しています。直径は6.7cmで、鏡面を上にして見つかっています。

別堀前田遺跡（小田原市）
古墳時代前期の溝から六獣形紋鏡が出土しています。この鏡の文様は、嘴を開けた水鳥6羽と乳（円形の突起模様）が交互に配置されています。

◆出土品の様相

古墳や横穴墓からは多くの威信財が出土しています。また、神奈川県内では出土例が少ないですが、埴輪も出土しています。

二子塚古墳（秦野市）
柄頭から鞘尻までが揃っており、全形のわかる銀装圭頭大刀（ぎんそうけいとうたち）としては神奈川県内初の出土です。大刀の柄間にある銀線には両端に刻み目を、鞘口（さやぐち）・鞘間（さやま）・鞘尻にある銀製の装飾金具には唐草文が施されています。秦野市唯一の前方後円墳から出土しており、市の指定文化財になっています。

川名新林（かわなしんばやし）横穴墓（藤沢市）
新林小学校の建設工事に伴う発掘調査で横穴墓から金銅装単鳳環頭大刀（こんどうそうたんほうかんとうたち）の柄頭が出土しました。環内には横を向いた1羽の鳳凰が透かし彫りにされています。市の指定文化財になっています。

甘縄神社遺跡群（鎌倉市）
金銅製の馬具で、神奈川県内初の金銅製長方形鏡板が出土しています。馬具があまり出土していない県内では大変珍しい遺物と言えます。古墳の副葬品として発見されることが多いですが、奈良時代頃は砂丘の背後湿地であった場所から見つかっています。

白井坂埴輪窯跡（川崎市）
神奈川県内で唯一の埴輪製作跡で、馬形埴輪や円筒埴輪などが出土しています。この窯で焼かれた埴輪が4kmほど離れた西福寺古墳から見つかっています。

北門（ぼっかど）古墳群（横浜市）
1号墳から出土した人物埴輪は、作風が類似することから、生出塚（おいねづか）15号窯（埼玉県）で見つかっている人物埴輪の製作者と同一人物の作品と考えられています。同じ素地を用いて製作されたことも分かっており、同じ製作者の作品は、山倉1号墳（千葉県）でも見つかっています。

〔Ⅴ〕奈良・平安時代

愛名宮地遺跡（厚木市）
出土した瓦塔とは、木製の塔を模して、土で焼いた焼きものです。集落や寺院などから出土することが多く、信仰対象物として用いられたと考えらえます。

　今から1,300年ほど前の神奈川県は、古代の相模国と武蔵国の一部に相当します。相模国は8郡（足上(あしがみ)・足下(あししも)・余綾(よろき)・高座(たかくら)・大住(おおすみ)・愛甲(あいこう)・鎌倉(かまくら)・御浦(みうら)）、武蔵国は22郡のうち3郡（橘樹(たちばな)・都筑(つづき)・久良岐(くらき)）が該当します。国の中心には相模国府が、各郡には郡家(ぐうけ)がおかれ、中央から派遣された国司が政務にあたっていました。相模国府の所在地は発掘調査によって大住郡（平塚市）にあることが明らかにされ、郡家についても継続して調査が行われた結果、当時の状況をより仔細に把握することができるようになりました。

　一方、ひとびとの暮らしぶりはどうだったのでしょうか。集落構造を考える上で、非常に興味深い事例が増えてきました。左の写真は「瓦塔(がとう)」という塔を模した土製品です。この瓦塔は、集落から出土することが多く、仏教が官人層だけではなく、一般集落＝民衆まで浸透していたことを裏付ける資料となっています。自然災害や疫病など目に見えない恐怖に、人々は「信仰」というかたちでのりこえようとしたことがわかります。

◆官衙
～昔の役所の様子は～

これまでに神奈川県内で確認されている官衙関連遺跡・郡家は、相模国8郡のうち3郡で、武蔵国3郡のうち2郡で見つかっています。郡家とは、地方を支配していくための国府に次ぐ都の行政機関で、役割によって規模の異なる建物群で構成されています。相模国では、茅ヶ崎市の高座郡家、鎌倉市の鎌倉郡家、武蔵国では川崎市の橘樹郡家が発掘調査で明らかにされています。橘樹郡家、高座郡家は2015（平成27）年に国史跡に指定され、その後も発掘調査が継続されています。

高座郡家では、北に正倉（倉庫）、中央に郡庁院である正殿と脇殿、その間に館・厨が確認されていましたが、東側の区画遺構の北には正倉のような掘立柱建物が新たに確認されています。郡庁院の北西側にも正殿と同様な規模の建物が確認され、郡庁の構造が徐々に明らかにされつつあります。これまでの調査では7世紀後半に始まり、9世紀中頃にはその機能を終えたと考えられていましたが、最近の調査で新たな掘立柱建物が確認されたことにより、10世紀代まで続いた可能性もあることがわかってきています。

橘樹郡家では、正倉、館が確認されています。正倉は、建物の方位で時期をわけています。真北から西に30度傾く

橘樹官衙遺跡群（川崎市）
橘樹郡家跡の正倉院です。総柱の掘立柱建物群で、建物の軸が真北にむくものと、やや西にずれるものがあります。租税を納めていた倉庫建物と考えられています。

橘樹官衙遺跡群（川崎市）
柱抜き取り痕跡が明瞭にわかる事例です。柱の抜き取りの順番もよくわかります。

グループと、ほぼ真北になるグループがあるというようにわかれ、最も古い時期は7世紀後葉、最終段階を9世紀後葉としています。郡家正倉の増築順なども明らかにされつつあり、郡家の官衙施設造営の様子がよくわかる事例となっています。

他の郡家はどうだったのでしょうか。愛甲郡家の候補地として厚木市にある御屋敷添遺跡があげられます。御屋敷添遺跡は、掘立柱建物が規則的に並ぶことから、愛甲郡家の候補地とされていますが、時期が若干古いため、評家段階の候補地とされ、郡家の時期になると、また別の場所にあるのではないかと考えられています。

近年、柱穴規模の大きい掘立柱建物が神奈川県内で確認され、こうした建物址は、郡家を考える上でも参考になる遺構となり、想定地のヒントにもなります。

現在の県庁にあたる相模国府は大住郡にあったと考えられています。大型掘立柱建物や、「国厨」の墨書、緑釉陶器といった高級食器が大量に出土することから、相模国の中心地であったことがわかります。

湘南新道関連遺跡調査後、政庁の構造がわかる資料は、確認されていませんが、国庁周辺から特殊な遺物が出土するなど、国府の街の様子を考える上で良好な資料が確認されています。

下寺尾官衙遺跡群（茅ヶ崎市）
高座郡家跡です。郡庁の規模は東西約66m、中央に四面廂の正殿、両脇に脇殿があったと考えられています。

下寺尾官衙遺跡群（茅ヶ崎市）
「厨」・「得庁」と書かれた墨書が出土しています。厨家（くりや）は役人の食事をつくる施設のことです。この2点の墨書土器の発見から、高座郡家に台所があったことを示しています。

下寺尾官衙遺跡群（茅ヶ崎市）
郡庁の西側の空間で新たに確認された掘立柱建物です。南北11m規模の大きな掘立柱建物です。「厨」と書かれた墨書が近くから出土しています。

田谷町堤（たやちょうつつみ）遺跡（横浜市）

東西約 4.2m、南北約 3.5m の掘立柱建物が作られています。柱穴は長軸約 80 ㎝、深さは約 1 m の大きな柱穴で、柱も残っていました。

南仮宿（みなみかりやど）遺跡（大磯町）

奈良時代前半頃の東西 10.5m×南北 6.3m の大型掘立柱建物がみつかっています。余綾郡家の候補地として考えられます。

六ノ域遺跡（平塚市）

近年の調査で、掘立柱建物とともに大型竪穴建物が発見されました。国府域からみつかる掘立柱建物の柱は、規模が大きいのが特徴です。

六ノ域遺跡（平塚市）

11 世紀代の「瑞花双鳥文八稜鏡」（ずいかそうちょうもんはちりょうきょう）が出土しています。県内 2 例目となりますが、用途はわかりません。

◆古代寺院

588（崇峻元）年、百済より寺づくりのための工人集団が渡来します。「寺工」が2人、「鑪盤博士」1人、「瓦博士」4人、「画工」1人の合計8人で、彼らによって日本列島で最初の寺院・飛鳥寺（法興寺）の造営が始まりました。相模国にも初期寺院と呼ばれる古代寺院が5か所で知られています。御浦郡の宗元寺跡（横須賀市）、深田廃寺（横須賀市）、鎌倉郡の千葉地廃寺（今小路西遺跡）（鎌倉市）、高座郡の下寺尾廃寺（茅ヶ崎市）、足下郡の千代廃寺（小田原市）です。武蔵国は2か所で、橘樹郡の影向寺跡（川崎市）、久良岐郡の弘明寺跡（横浜市）が初期寺院として知られています。史跡指定された後も継続して影向寺跡や下寺尾廃寺で調査が進められ、新たな発見がありました。

寺院造営の次なる画期は、国分寺の創建です。741（天平13）年、国分寺建立の詔が発せられ、相模国は、この詔の発令後に国分寺造営に着手したと考えられています。塔、金堂の順番で建てられましたが、金堂は「葺石状基壇」という全国的に珍しい基壇外装でつくられています。

寺院は、平地だけではなく山中にも建てられました。鐘ヶ嶽（厚木市）では、以前から瓦が採集できる地と知られていましたが、発掘調査を実施した結果、礎石が発見されて建物の存在がわかりました。神奈川県で初めてとなる山林寺院の事例です。

下寺尾廃寺（茅ヶ崎市）
お寺の屋根にはたくさんの瓦を葺く必要があることから、しっかりとした地盤につくりかえる必要があります。お寺を建てる建物の範囲を掘ってから、その中に土や砂、礫を交互にいれて突き固め土台をつくる工法を版築（はんちく）といいます。畿内に劣らない丁寧な版築で、高い技術が地方にも伝わったことがわかります。

下寺尾廃寺（茅ヶ崎市）
瓦を数枚重ねた上に、土器をいくつか並べています。燃やした痕跡があり、用途はわかりません。何かのおまじないでしょうか。

古代影向寺（川崎市）

塔基壇（きだん）の中から、武蔵国分寺創建期の瓦が出土しました。国分寺造営に橘樹郡も関与していたことが想定されます。

宗元寺跡（横須賀市）出土軒丸瓦と同范の瓦

宗元寺跡の創建瓦は西安寺跡（奈良県王寺町）と同范瓦であることがわかっていますが、西安寺跡の調査がすすんだことでいくつか范種（はんしゅ）があり、そのうちの1つと同じであることがわかりました。

相模国分寺跡（海老名市）

金堂跡の基壇。基壇とは、礎石建物を支えるために地面より高く土を盛り、締め固めた部分のことを示し、盛り上げた基壇の端は切石などで整えます。金堂の基壇外装は、古墳の葺石のように石を貼り付ける「葺石状基壇（ふきいしじょうきだん）」で仕上げています。全国的にみても珍しい技法です。

鐘ヶ嶽廃寺（厚木市）

標高320〜350m前後に位置する山林寺院。瓦が採集される地と知られていましたが、地表下1mから礎石が確認され、寺院の存在が明らかにされました。

◆古代の人々のすまうところは

　神奈川県内には、多くの奈良・平安時代の集落がみつかっています。集落は、竪穴建物や掘立柱建物で構成されていますが、出土した遺物などから、郡の中心となるような集落と一般集落に分けられます。遺物の出土内容や建物の規模などによってさらに区別が付けられ、多種多様な集落が存在していたことがわかります。

　いわゆる、郡の中心となる集落からは、大型の掘立柱建物がみつかっている他、「帯飾り」（腰帯の一種）や硯など役人が使用するような遺物が出土し、公的な施設の可能性が高い集落と考えられます。木簡や墨書土器などの文字資料から得ら

西富岡・向畑遺跡（伊勢原市）
竪穴建物のカマド構造の一つです。煙出し（煙道）の部分に土師器（はじき）の甕をたくさん重ねてカマドの煙を外にだす構造になっています。

三廻部（みくるべ）・東耕地遺跡（秦野市）
煙道に土師器の甕を連結させて両脇に石を置いています。石を組むカマドは甲斐国の影響があるといわれています。

れる情報も、集落を考えるヒントとなります。

集落は平野だけではなく、丘陵地にも展開していきます。平野以外にも住む場所を求め、山林や砂丘など様々な場所に集落がみられるようになります。

また、出土した土器の中には、他地域で作られた製品もあり、地域間交流が盛んであったことがわかります。相模国には、須恵器や瓦などの生産遺跡はほとんどありませんが、物流に長けていたのでしょうか、灰釉陶器(かいゆう)の出土率は、東国の中で最も多い傾向にあります。

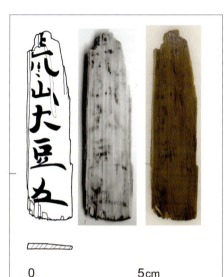

西富岡・向畑遺跡（伊勢原市）
「荒山大豆五」とかかれた木簡です。「荒山」という貢納者が大豆を納めたことを示す付札木簡と考えらえています。伊勢原周辺で大豆栽培が行われていたことがこの木簡でわかります。

恩名沖原遺跡（厚木市）
竪穴建物のカマドの芯部分の素材として瓦を使用しています。屋根に瓦を葺く構造の建物が近くにあったことが考えられます。

本村（ほんそん）居村（いむら）B遺跡（茅ヶ崎市）
居村B遺跡からは6点の木簡が出土しています。そのうちの1点には、ムラで盛大な宴会が催されたことが書かれています。木簡には「貞観（じょうがん）（859～877）」という年代を示す文字、ムラの文字が書かれており、各ムラ単位に酒が配布され、「郷飲酒礼」の大規模饗宴が、9世紀半ばごろの東国社会で行われていたことがわかります。

稲荷木遺跡（秦野市）
竪穴建物から出土している海老錠です。精巧な彫刻と鍍金（めっき）がされています。海老錠は、倉庫の鍵に使用されることが多いですが、稲荷木遺跡で出土した海老錠の大きさは 7.7㎝サイズと小型であり、厨子（ずし）のようなものに使用された可能性があります。

戸田小柳遺跡（厚木市）
「風字硯（ふうじけん）」という硯です。外面に刻書が記されています。文字は「春」や「奉」など諸説考えられます。近接した場所に官衙的な集落があったことを示しています。

別堀十二天遺跡（小田原市）
県内4例目となる銅匙です。仏教行事に使用されたと考えられていますが、出土したのは寺院関連遺構が発見されていない集落です。

菖蒲内開戸遺跡（秦野市）
足上郡と足下郡の郡境付近の遺跡から出土しています。遺跡の場所が「足上郡」であったことがわかります。

西富岡・向畑遺跡（伊勢原市）
墨書土器や「帯飾り」が出土するなど、西富岡・向畑遺跡の集落は官衙的要素が強い集落です。掘立柱建物も規則的に並ぶことから、郡の出先機関のような集落であったと考えられます。

寺山中丸遺跡（秦野市）
「油坏」とかかれている土師器杯。用途を器に記銘することが多いことから、この土師器杯は油をいれる専用の器だったのでしょうか。

◆人々の信仰は

　集落の中で、仏教系遺物が出土する集落を村落寺院と呼びます。寺院という言葉をみると、立派な建物がいくつか建ち並ぶ風景を想像してしまいますが、簡素な掘立柱建物が集落の中にあって、建物の中に瓦塔や佛像などの信仰対象物があったと考えられています。『東大寺諷誦文稿(ふじゅもんこう)』では、僧侶による布教活動が寺院、集落などで行われていたことが書かれています。こうした仏教系遺物が出土する背景には、一般集落まで「仏教」が浸透していたことの傍証となり、当時の人々の信仰のあり方がわかります。

寺山中丸遺跡（秦野市）
三彩の器。二彩や三彩は、特別な場所、寺院や官衙関係の場所からしか出土しません。こうした貴重な資料は、僧の活動範囲を知るヒントになるかもしれません。

中野中里遺跡（相模原市）
竪穴建物の貯蔵穴から出土した鉄鐸です。山野開発に関連する集落と考えられ、相模型・武蔵型・甲斐型など様々な国別の土器がみられます。

河原口坊中遺跡（海老名市）
相模川沿いにある集落遺跡で、奈良・平安時代でも多くの竪穴建物と掘立柱建物が確認されています。相模川の渡河地点であることから、「救急院」（救済施設）が想定される遺跡です。

◆あの世への入り口

　古代の人々のお墓について、武蔵国（川崎市）を中心に火葬墓が知られていますが、相模国内でも数例確認されており、高座郡で8遺跡11基、大住郡で3遺跡3基が発見されています。近年の調査では、和田内遺跡（伊勢原市）でも火葬墓が確認されており、集落域と墓域の範囲が徐々に明らかとなってきました。火葬墓に使用する器は、須恵器や灰釉陶器の壺の他、土師器の甕が使用されています。武蔵国は須恵器などが多く、相模国は土師器が多いといった傾向がありますが、そうした傾向が異なるのは、火葬の文化を受け入れるきっかけや考え方に違いがあったためと考えられています。

　火葬は高貴な身分の人々により執り行われ、一般集落に住む人々のお墓は土坑墓と考えられます。下北原遺跡（伊勢原市）からは、2.1×1.2ｍの長方形に瓦石を敷いた遺構が確認され、出土した土師器は9世紀前半のものでした。また、上依知上谷戸遺跡（厚木市）から、方形周溝状の遺構が確認されています。周溝の規模は、7.2ｍ四方の範囲で、幅1ｍ程度、深さ25㎝で、断面が浅い逆台形をなし、中央の台状部は明確な掘り込みはなく、墳丘状の高まりの存在は、削平されていたのでわかりません。古代の墳墓として、火葬墓と同様に土坑墓も造っているようで、様々なお墓の形があったことがわかります。

馬場綿内谷戸遺跡（横浜市）
武蔵型甕に人骨が埋納されています。周囲には貝殻などがたくさん埋められていました。

石川遺跡稲荷山地区（藤沢市）
石川遺跡では火葬墓が3基確認されています。煮炊き用の土師器甕を利用していました。集落域と墓域が明らかにされている遺跡の一つです。

(Ⅵ) 鎌倉・室町時代

　源頼朝が鎌倉に入った1180(治承4)年、長い歴史の中で一つの時代の名称となる地、鎌倉において武士の時代が始まっていきます。関東の武士勢力である坂東武者を束ね、源氏の棟梁として関東武士団を率いた源頼朝は、平家滅亡を成し遂げ、武家政権の成立を確かなものとしていきました。

　鎌倉時代の始まりは、鎌倉幕府として守護・地頭の任免権を得て、全国統治が可能となった1185(文治元)年が現在の定説とされています。鎌倉時代は武家政権を始め、政治・経済・宗教や文化などが急速な繁栄をみせていく躍動の時代です。神奈川県内ではその時期の遺構・遺物が鎌倉を中心として、周辺地域にも存在している状況が発掘調査によって明らかになってきました。

　武士の世の発端となり、核となっていく地であり、都市の栄華を中心に、周囲の動向など当時の面影が少しずつわかってきています。

下馬(げば)周辺遺跡(鎌倉市)
14世紀前半期の大型竪穴建物の土坑内から遺存状態の良い鎧が出土しました。同じ竪穴建物内から出土した埋蔵銭(1896枚)とともに、大変貴重な文化財として平成28年に県指定重要文化財に指定されました。

◆都市と地方

　源頼朝は、治承・寿永の乱に勝利して鎌倉の地において鎌倉幕府を開き、征夷大将軍となり、武家の棟梁としての地位を確立しました。東国武士団を御家人と称し、武家政権を発足させます。鎌倉に多くの御家人が居住し、幕府を運営していく中、頼朝没後、13世紀中頃に鎌倉は都市へと確立されていきます。

　都市鎌倉からは陶磁器や漆工芸品、木製品、金属製品など様々な種類の大量の遺物が出土します。これらは当時の鎌倉が政権所在地であり、多くの物資が流通した、一大経済都市であったことを示しています。一時期は京の都を上回るほどの人とモノに溢れていた活気ある場であったと考えられ、現在の東京都心のように、人々が密集した暮らしが窺えます。

　幕府の実権が源氏から執権北条氏に移ると中心となる場所も移転していきます。最初は鶴岡八幡宮の東側に大倉幕府が置かれます。北条政子の死により、1225（嘉禄元）年に宇津宮辻子幕府へ移ります。1236（嘉禎2）年には、その北側に若宮幕府として移転されます。その後、幕府滅亡の1333（元弘3）年までの97年間同地で政治が執り行われていきました。幕府周辺には諸機関や屋敷が建ち並び、若宮大路を中心に整備されていきます。京都のような碁盤目状の区画もみられますが、自然地形を生かしつつ、人口の過密性から山を削り、狭い土地を効率よく活用する工夫がされています。現在の鎌倉には谷戸という枝状に入り組んだ地形が多く残り、社寺や武家屋敷などが造られました。山から削り出された泥岩で街中の地面を作り、生活する場を広げていきます。大々的に行われ始めたのは、13世紀中頃からで、鎌倉幕府滅亡以降も続いていきます。

大倉幕府周辺遺跡群（鎌倉市）
大倉幕府跡の東側に礎石建物、掘立柱建物、大型の柱穴列や様々な形状の井戸など13世紀代の広大な屋敷跡が発見されました。北条政子がいたといわれる東御所の一画ではないかと推定されています。

一方、神奈川県内の中世遺跡は県内各地に点在しており、当時、県内には12の郡と30以上の荘園があったとされています。都市鎌倉と各地を治める在地領主（御家人）との繋がりは明白ですが、その関連性は地方としての在り方がどのような状況であったか、近年の大規模調査から垣間見えてきました。

伊勢原市北東部では糟屋荘という荘園がありました。調査成果から鎌倉時代前期の都市を取り巻く荘園の存在が明らかになりました。在地領主の糟屋氏、あるいはその後の関東管領上杉氏の時期の遺構や遺物が発見されています。このような地方武士の痕跡は、考古学的に鎌倉と比較すると、遺物出土量が少ないなど特徴が見られます。今後は都市と地方の比較検討が期待されます。

若宮大路周辺遺跡群（鎌倉市）
若宮大路の東側を並行し、都市計画の中核となる道路の一つである小町大路です。泥岩で舗装し、側溝が造られています。現道路よりも約10〜15m西側にあり、同方向であることがわかりました。

大倉幕府周辺遺跡群（鎌倉市）
大倉幕府跡の南側を東西に走る県道と同じ方向の溝が発見されています。13〜15世紀にかけて使われた道路や溝で、鎌倉時代初期にみられるＶ字状に造られた溝が掘り込まれています。

上粕屋・子易遺跡（伊勢原市）
大規模な堀状の遺構が検出されました。約2mの深さでV字状に掘られ、堀よりも内側には掘立柱建物が多数検出されています。防衛機能をもった居館を区画した堀と考えられます。

上粕屋・子易2遺跡（伊勢原市）
大きな河原石を縁石として並べ、その中に20〜30cm大の石を敷き詰め、さらに砂利で突き固めた強固で丁寧な造りをした幅3.6mの石敷き道路状遺構が発見されました。武家屋敷や寺院に関係する遺構と考えられます。

西富岡・中島遺跡（伊勢原市）
溝で区画された2枚の水田が発見されました。砂利を盛った畦を作り、さらに細分されていたようです。溝は水路としても使用していたようで、江戸時代前期までの利用がわかっています。

武蔵大路周辺遺跡（鎌倉市）
中国から輸入された多種多量な陶磁器や喫茶関係に用いられる碗など、普遍的に出土する舶載陶磁器に比べ高級なものが出土しています。御家人や僧が集まる都市鎌倉を象徴する遺物でもあります。

上粕屋・子易遺跡（伊勢原市）
東側が幅約4m、深さ約2m、西側が上幅約7m、深さ約2.5mの堀状遺構に区画された武家屋敷が見つかりました。防御を兼ね備えていたことも分かり、何度か建て替えを行っていたようです。

神成松遺跡（伊勢原市）
一辺60m（推定）の正方形状に溝が掘られた方形居館が見つかりました。中心部に縁（えん）（または庇〈ひさし〉）が付く建物11軒が見つかっています。同じ場所に複数回建て替えられ、糟屋氏一族もしくは有力な御家人の屋敷地と推測されます。

◆寺院といろいろな墓

神奈川県域には記録や伝承から鎌倉時代に開山した寺院、廃寺記録や発掘調査で明らかになった寺院などが多数あります。発掘調査では主に礎石建物が検出されることが多く、本堂や塔頭、庫裏も発見されています。

国指定史跡である永福寺（鎌倉市）や称名寺（横浜市金沢区）の浄土庭園は有名です。これらと似ている寺院跡が伊勢原市子易地区の新東名高速道路建設範囲で発見されました。寺院とそれに付帯する墳墓堂、石組墓、池跡が検出されています。

中世の埋葬方法は、一般的に庶民階級は土葬であり、格式の高い武士や僧侶は火葬されていたと考えられています。土葬は足を折りたたんだ側臥屈葬という埋葬方法で土坑の中に埋められます。火葬事例では、荼毘に付した焼骨の一部を納骨穴がある五輪塔や、石で囲った中に納骨壺に納めて埋めた集石墓があります。しかし、当時の埋葬の考え方としては墓地や墓石というものを作ることはほぼありません。五輪塔や宝篋印塔などの石塔は故人のゆかりの地に供養塔として置かれていました。

二階堂

薬師堂

永福寺跡（鎌倉市）
創建期の永福寺は、東向きの中央の二階堂（写真上）と、両脇に同じく東向きで建てられた薬師堂（写真下）・阿弥陀堂（写真右）を中心に、各堂は複廊で結ばれ、さらに池に向かい翼廊が延び中門・釣殿（つりどの）が造られていました。

阿弥陀堂

子易・中川原遺跡（伊勢原市）
礎石建物や墓などが一列に並ぶ寺院跡が確認されました。写真下（黒い部分）には池跡が拡がります。

子易・中川原遺跡（伊勢原市）
中央の礎石建物は周囲より20〜30cmほど高く削り出された方形の基壇上に南北約7.2m×東西約8.4m、四方に縁が付き前方に向拝があります。両隣に南北約6.4m×東西約5.8mの建物があり。対称的な建物配置が明らかになっています。

子易・中川原遺跡（伊勢原市）
本堂に向かって右の位置に一辺約5mの方形基壇を削り出し、約4m四方の墳墓堂が発見されました。中央付近には常滑（とこなめ）窯甕が2個体埋められ、内部には焼土や炭化物、灰とともに火葬骨が少量混じっていました。

子易・中川原遺跡（伊勢原市）
周囲に大型の石を長方形に配置して、内側に玉石を積み上げた石組墓です。玉石の下には土坑があり、内部からは炭化物に混じって火葬骨が出土しています。

上粕屋・和田内遺跡（伊勢原市）
平安時代末、糟屋盛季によって創建され、明治時代に廃絶した極楽寺の伝承地内にあります。緩斜面から集石墓や石塔、墓跡が確認され、寺院に関係する場所であることがわかりました。

西富岡・長竹遺跡（伊勢原市）
集石墓から常滑窯甕が発見され、中には焼骨が入っていました。周囲の集石からも骨片や焼土が発見されています。この地域の武士や僧を代表する位の高い人が埋葬されたようです。

名越坂北（なごえざかきた）やぐら（鎌倉市）
大型の凝灰岩製五輪塔が立ったまま発見されました。水輪の納骨穴には、男性1体分の火葬骨が納められ、五輪塔の下からも納骨穴と考えられる穴が確認されています。有力な人物が埋葬されていたと推測されています。

若宮大路周辺遺跡群（鎌倉市）
細長い穴に投げ込まれたような状態で馬一頭が出土しています。この時代には動物をそのまま埋めることがほとんどみられないので、疫病あるいは愛着のあった馬だったのかもしれません。

由比ガ浜中世集団墓地遺跡（鎌倉市）
土坑内に手足を折り曲げて横向きに寝かせた埋葬方法です。頭を西方向に向けて埋葬していることが多く、中には副葬品や六道銭（死者と共に墓に入れる銭）が一緒に埋められていることもあります。

◆様々な建物と構造

　東国では、古代より竪穴建物が普遍的な住居形態でしたが、平安時代末期以降、地面に柱穴を掘り、柱を立てて等間隔に並べた総柱の掘立柱建物が主流になります。柱の沈下防止あるいは梁や桁までの柱の高さ合わせに礎板を用いることもあります。鎌倉時代初期には柱の間隔が約2.1m、その後時代が下ると1.8mや2.4m前後の間隔となり、地域によって一定の基準に従った建築形態の変遷が読み取れます。格式の高い武家屋敷や寺院の主要な建物は基礎に平らな石を敷いた礎石建物となります。

　また、古代の竪穴建物と構造は類似していますが、一定の深さとカマドを持たない半地下式構造の竪穴建物が中世にも存在します。県域の台地上の遺跡にはあまり確認できませんが、都市鎌倉の海浜地域では数多く作られ、下層階級の居住域だったと考えられます。一方で、屋敷地や集落内で確認できる竪穴建物もあります。そのような場合は、出土遺物の組

弁ヶ谷（べんがやつ）遺跡（鎌倉市）
東西南北約5.7m以上の礎石建物が発見されています。武家屋敷か寺院かは定かではありませんが、地面に焼けた部分と共に被熱した礎石があり、建物が火災にあった可能性があることがわかりました。

若宮大路周辺遺跡群（鎌倉市）
在地の凝灰岩を方形状に整形し、床に敷き詰めた構造をもつ竪穴建物です。凝灰岩は壁としても使われている例もあり、石を使用する構造は鎌倉時代中期以降にみられ、建物の作り方も変わっていく様相が見て取れます。

若宮大路周辺遺跡群（鎌倉市）
木製の土台や根太木（床板を受ける横木）がある床下や壁面の構造がわかる半地下式の竪穴建物です。内部に間仕切りがあり、部屋があったことが明らかになりました。

若宮大路周辺遺跡群（鎌倉市）
廃棄された瓦を集め、基礎として再利用した特殊なケースの竪穴建物です。瓦の使用は寺院や有力者の屋敷などに限られていたため、そういった場所から持ってきたと考えられます。

成や廃棄状況、構造から居住スペースではなく倉庫や作業場としていた可能性があります。

神奈川県内では鎌倉で確認できる板壁建物という簡易的な構造をした建物があります。屋敷地など主要な場所から離れた場所で多種多様な木製品や漆器などが出土しています。建物内部は間仕切りされ、部屋を分けていた構造となっています。囲炉裏なども設置され、職人が使用していた居住・作業場のような性格が想定されます。鎌倉に仕事をしにやってきた職人が宿所とした集合住宅のような場所であったかもしれません。

都市鎌倉ではみられない遺構としては、地下式坑が挙げられます。地面に掘られた穴のことで、縦に深く掘られた穴、縦坑（入口）と、その底から横に掘られた穴、横穴（地下室）から構成されます。その用途については諸説あり、食料などの物品の貯蔵庫あるいは故人の埋葬に関係している仏教関連施設といわれています。発掘調査では地下室の天井が崩落して見つかることが多く、ローム層を掘って造られています。軟弱地盤の鎌倉ではそういった倉庫には竪穴建物が用いられたのでしょうか。

西富岡・向畑遺跡（伊勢原市）
竪穴状遺構内に焼土や炭化物が広がり、炭化した柿や粟粒が出土しています。その場で焼けたものと考えられています。

若宮大路周辺遺跡群（鎌倉市）
地面を浅く掘り、壁面を板で簡易的に造った板壁建物です。この建物は板壁が倒れた状態で発見されました。地下からの湧水が多い鎌倉市では、木材や木製品が多く残り、当時の状況を伝えてくれます。

西富岡・長竹2遺跡（伊勢原市）
地下式坑。写真奥が入口で、手前が室です。室の天井部は崩落し、調査完了時は写真のような状態になります。神奈川県内では強固な土のためか、主に関東ローム層を掘り込んで造られています。

及川伊勢宮遺跡（厚木市）
人ひとりほどが入れる大きさの縦坑で、室部分が埋まった堆積が観察できます（写真上）。内部から板碑片が出土しており、供養をするために使用した地下式坑の可能性も考えられます。

◆仏教と呪術

　鎌倉時代には、奈良・京都を中心に栄えた旧来の仏教に加えて、鎌倉新仏教といわれる諸宗派が誕生しました。浄土宗系（浄土宗、浄土真宗、時宗）、禅宗系（臨済宗、曹洞宗）、日蓮宗です。旧来の仏教側も華厳宗の明恵や戒律復興を掲げた叡尊・忍性らの律宗教団により、人々の宗教的救済に応じました。

　相次ぐ戦乱や飢饉による末法思想の実感により、信心や修行のあり方に着目したのが禅宗です。禅宗は庶民や武士階級にも受容できる仏教となり、経済、政治にも大きな影響を及ぼしていきます。

のちに鎌倉五山として建長寺、円覚寺、寿福寺、浄智寺、浄妙寺が確立されます。

　鎌倉時代は仏教とは別に呪術の痕跡も出土遺物から明らかになっています。呪いは平安貴族の日常になくてはならない陰陽道の技能であり、鎌倉時代にも引き継がれていきます。鎌倉幕府が編纂した歴史書「吾妻鏡」には、北条政子の出産のために行った祈祷などの記事が顕著に見られます。

　災いや病など自らの力で対応できない現象には、呪符を身に着けたり、人形代に罪や穢れを移して水に流したり、邪気を祓う行為をしてきました。井戸から形代が出土することもあります。

浜之郷本社A遺跡（茅ケ崎市）
素掘りの井戸で青磁酒会壺（しゅかいこ）が出土しています。周囲にも井戸が複数確認され、水を多く必要としていたのかもしれません。遺跡地が寺域内であったことから寺院や墓に関わりがある井戸と推測されています。

今小路西遺跡（鎌倉市）
木枠がある井戸で水漏れ防止用の漆喰（内部白い部分）が塗られています。この時代は丸い井戸はなく、四角形が基本の形になります。特殊な例として六角形の井戸も発見されています。

 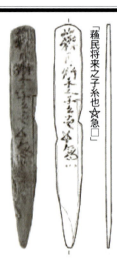

子易・中川原遺跡（伊勢原市）
「急々如律令」と書かれた呪符木簡です。中国・漢の時代に公文書の書き止めに使われ、「急げ急げ律令の如く」という意味があります。後に魔除けなどを意味する呪句となりました。

（左）若宮大路周辺遺跡群
（右）北条泰時・時頼邸跡（鎌倉市）
蘇民将来とは備後国風土記に登場する人物です。神に宿を貸した見返りに子孫も含め災いを免れることになったという説話があり、「蘇民将来の子孫である」と書いた札を玄関などに打ち付けて、魔除けとしていました。写真左は漆箆（うるしべら）を転用して書かれ、写真右は門扉等に打ち付けた跡があります。

北条時房・顕時邸（あきときてい）跡（鎌倉市）
像高 16.5cmの木製不動明王像です。唇と髪は朱色の顔料で塗られています。背中には光背があったと推測され、底部の穿孔からも台座があったとされています。残存状態がとても良い仏像です。

◆鍛冶・工芸・生活

　中世社会には農業以外の生業に主として携わる非農業民がいました。鍛冶や工芸品、日常に欠かせない道具などの製作、それらの商いをする職能民です。発掘調査では多種多様な金属製品、木製品が出土しますが、埋まっていた環境により、形が残らない場合もあります。鎌倉市内は地下水が豊富で、腐食しやすい木製品は海浜地域を除き、残存していることがあります。精巧な技術が垣間見えるとともに、周囲の遺跡からも職能を示唆する痕跡が発見されています。

東富岡・南三間(みなみみま)遺跡(伊勢原市)
猿形土製品が竪穴状遺構から出土しています。猿を模したものは大変珍しく、静岡県伊東市で形状が類似した猿形土製品が出土しています。何かしらの繋がりを想像させます。

東富岡・南三間遺跡(伊勢原市)
居住空間と推定される遺構よりも作業場等と想定される遺構が多く、鉄クズである鉄滓(てっさい)が多量に出土していることから、谷間の空間を利用した製鉄に関係する遺跡と推定されています。

若宮大路周辺遺跡群（鎌倉市）
刀や刀子（とうす）の柄に茎（なかご）〈刀身の柄に覆われる部分〉を固定するための目釘です。銅製で三羽の鶴が描かれており、平座金（ワッシャー）も付属し、精巧かつ丁寧な作りがわかります。

若宮大路周辺遺跡群（鎌倉市）
漆工芸に使う道具類、漆で固まった布が出土しています。漆を扱う専門家からは現代の道具と形状も大差ないことが指摘され、当時の技術を知る発見となりました。

東富岡・南三間遺跡（伊勢原市）
銭貨の鋳型が出土しています。全国では博多・京都・堺の都市遺跡から出土していることが明らかになっており、都市とその周辺との繋がりや在地における工人集団の存在が窺えます。

東富岡・南三間遺跡（伊勢原市）
四葉硯の裏面に「近江入道」「河内入道」「越後入道」「明松入道」と縦に罫書（けが）きされています。どのような意味があるのかわかりませんが、その存在がわかる貴重な文字資料です。

若宮大路周辺遺跡群（鎌倉市）
板締（いたじめ）染型板といわれる木製品です。「板締」は染色法の一つで、凹凸の模様を彫った薄板二枚で固く原糸や布を挟んで染料などをかけて模様を作る技法で、植物が彫られた板が見つかりました。

今小路西遺跡（鎌倉市）
鎌倉時代の調理用具には、俎板（まないた）、擂粉木（すりこぎ）、杓文字（しゃもじ）、鬼板（現在の卸金）など今と変わらないものが出土しました。材質はほぼ木で作られ、当時の台所や食卓の風景が目に浮かびます。

若宮大路周辺遺跡群（鎌倉市）
男性の装束を纏った木像で細部に亘り緻密な表現がされ、顔の脱着ができる作りをしています。足の角度や形状から、立ち馬に跨っていたのではないかと推測されます。表現やデザインなど鎌倉時代の工芸技術がわかります。

今小路西遺跡（鎌倉市）
漆器椀皿に手描きやスタンプで多彩なデザインを描いています。スタンプを捺す道具や方法などははっきりとはわかっていません。当時の職人の器用さや美的センスが窺えます。

コラム　特殊な事例

上粕屋・和田内遺跡（伊勢原市）
石組みの溝、河原石を方形に配した石組遺構、長方形に盛り土して半円形に石を並べ、火を炊いた跡が発見されました。寺院域での発見により、水源や火処、排水などが一体となった湯屋か厨と考えられています。

若宮大路周辺遺跡群（鎌倉市）
曲物の中に数千枚の銭が埋納されていました。出土した状況は、蓋がされていて、建物の床下から発見されました。盗難や租税徴収などを避けるために隠してあったのかもしれません。

大倉幕府周辺遺跡群（鎌倉市）
15世紀前半頃に製作されたとみられる鉄製の籠手（こて）が出土しています。籠手の出土は全国的に珍しく、県域では武具の形が分かる遺物として下馬周辺遺跡（鎌倉市）の鎧に次いで2例目となります。

大倉幕府跡（鎌倉市）
雅楽で用いられる楽器や道具類が表された径10㎝の銅鏡（写真はX線画像）です。笛・箏（そう）・桴（ばち）・笙（しょう）・琵琶・琵琶の桴・雞婁（けいろう）・後参桴がみられます。銅鏡には鳥や草花が多く、全国的にも大変珍しいものです。

西富岡・向畑遺跡（伊勢原市）
竪穴状遺構の焼土から、炭化柿や炭化穀物などが出土しています。柿（写真）の放射性年代測定では、西暦1370年前後という結果が出ています。遺跡周辺の大山の子易付近一帯は、近世に「子易柿」という禅寺丸柿の産地であったと言われています。

(Ⅶ) 戦国時代

　関東地方では享徳の乱（1455年）により、鎌倉公方足利成氏が古河に移り、関東管領上杉氏と対立します。

　室町幕府将軍の側近だった伊勢宗瑞（北条早雲）は、関東地方の混乱を機に伊豆へ侵攻し（1493年）、1495（明応4）年、小田原を拠点として勢力を伸ばしていきます。

　小田原城を本城とした小田原北条氏（後北条氏）は16世紀中頃までには相模・武蔵を領国とする戦国大名としての地歩を固めていきました。広大な領国を経営し、敵勢力から守るために本城の下に支城を築き、支配体制を確立していきます。一方で北条氏によって中央文化が積極的に導入され、独自の文化へと発展していきます。

　1560（永禄3）年には、上杉謙信が北条方諸城を攻略し始め、北条氏との覇権争いが勃発していきます。

　1590（天正18）年、豊臣秀吉の小田原攻めの際、北条氏の関東の諸城も落城していきました。神奈川の戦国時代もここで終焉を迎え、江戸時代へと移っていきます。

　戦国時代の北条氏が周囲に網目のように配置した支城のうち、神奈川県内にある三崎城・玉縄城・小机城・津久井城・河村城・河村新城などで発掘調査が行われ、当時の築城技術や遺構などが明らかになってきています。

小田原城御用米曲輪
小田原城御用米曲輪下層の石組水路などから、金箔が捺されたかわらけが出土しています。金・銀・銅を混合した合金の金箔は、黒漆でかわらけに接着されています。

◆小田原城と城郭遺跡

近年、小田原城内の御用米曲輪(くるわ)下層で発掘調査が実施され、新たな発見がありました。また、支城の調査も少なからず行われ、更なる調査成果がみえてきました。神奈川県内の戦国時代における埋蔵文化財調査は城館の事例以外では、遺構や遺物がきわめて少なく、集落など武士以外の生活もはっきりとはわかっていません。

小田原城御用米曲輪（小田原市） 戦国時代の舶載陶磁器類が出土しました。

小田原城御用米曲輪（小田原市）
戦国時代の御用米曲輪下層で、多くの建物群とともに庭園や石組水路などの遺構が検出され、小田原城の中枢としての御用米曲輪の姿が明らかになりました。

小机城跡（横浜市港北区）
関東管領上杉氏によって築城されましたが、正確な築城年代は分かってません。本丸の斜面南側から空堀が発見されました。滑らかな立ち上がりで傾きはおよそ30°になります。

大庭城跡（藤沢市）
近年に見つかった堀の下部を調査しました。人工的に平場を造成した帯曲輪（写真左）や堀跡（写真上）が新たに発見されました。

河村新城の本丸裏手に深さ5m以上という大規模な障子堀が造られていました。馬出（うまだし）や土橋、曲輪の配置が明らかになり、小田原北条氏の築造技術が明らかになりました。

銅製の弾丸（直径約11mm）が出土しています。

上はオオムギ、下はコメで、炭化したものが出土しています

河村新城跡（かわむらしんじょうあと）（山北町）
曲輪や堀が検出されました。境目の城、国境に位置する城で、小田原北条氏の防衛意識がよくわかります。

◆絵図に残る道

　神奈川県内には城や屋敷、集落以外にも戦国時代の遺構が存在します。伊勢原市内の新東名高速道路や厚木秦野道路建設事業の範囲では、絵図に描かれた道が発掘調査で明らかになりました。

　神奈川県には信仰と行楽を兼ね備えた大山詣りという風習があり、現在の大山道沿いである発掘調査地点では近世以前の道が発見されています。大山へ通じる道と考えられています。また、「相州大住郡西富岡村絵図」という近世に描かれた絵図に残る道も発見されています。

上粕屋・石倉中遺跡（伊勢原市）
現在の大山道（県道611号）から北東へ約55m離れた場所に、大形の掘割道が発見されました。15世紀後半頃から使われていたことが出土遺物からわかり、大山道の一つ、「青山通り大山道」の可能性があります。

西富岡・向畑遺跡（伊勢原市）
中世後期～近世に至る道が発見されました。古墳時代から近世にかけての道路の一部には、円形や楕円形の穴が一定間隔で並ぶ波板状凹凸面と呼ばれる遺構が底面に残ることがあります。それらの性格については、枕木やコロの痕跡、路床の改良、牛馬の歩行痕跡など、いくつかの説が提示されています。

(Ⅷ) 近世・近代

　近世～近代は、徳川家康が江戸に幕府を開いた江戸期～太平洋戦争の終結する昭和前期までの340年余りを中心とします。幕藩・鎖国体制からペリーの浦賀来航による開国を経て、マッカーサーが厚木基地に降り立って、連合国軍占領下に置かれるまでの時代です。この時代を現在の県域の枠に当てはめると、政治・経済・文化は江戸初期には小田原の城域と城下に中心があり、幕末からは山手と山下に外国人居留地が建設されたことを契機として国際港都へ成長する横浜にそれが移るといった変化の流れが読み取れます。一方、幕府・藩・旗本・寺社等の領内に形成された各村落や、交通・物流・観光等を担った東海道、大山道等の街道沿いの宿場町は、明治以降の行政区画の元になります。

　近世と近代は遺構や遺物からも明確に区分される傾向にありましたが、ここ10年程の発掘調査成果からは近世～近代への発展的継続性も少なからず見出されるようになってきました。

山下居留地遺跡（横浜市）
出土遺物。横浜開港以降の外国商館や街路施設等の遺構が発見され、外国（西洋）製のビンや食器類が出土しました。

◆小田原城と城下町

　江戸期の小田原城は徳川家康の三河以来の家臣の系譜に連なる大久保氏と、春日局の子で徳川家光の側近の系譜に連なる稲葉氏の居城や幕府直轄の城でした。三の丸以内に城域が縮小されますが、江戸幕府の西側における重要な防衛拠点としての役割も担いました。

　本丸には天守閣、二の丸には城主の邸宅と藩政が行われた館、三の丸には重臣の屋敷や教育が行われた藩校の館等が置かれました。三の丸堀より外側には城下町が展開し、日向屋敷、瓦長屋等と呼ばれる武家地、欄干橋町、筋違橋町と呼ばれる町人地があり、他は寺社地で占められました。町人地は東海道沿いを中心に宿泊施設が街道屈指といわれる宿場町としても賑わいました。

　明治期に小田原城は廃城となり、二の丸には御用邸が新設されますが、それも関東大震災の被害から廃止されます。その後、小田原城は国史跡に指定され戦後に天守閣が復興されますが、今日でも江戸末期の本丸・二の丸を中心に史跡の保存・復元整備事業が行われています。

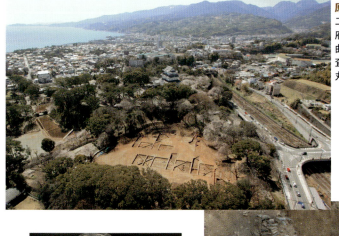

小田原城御用米曲輪（小田原市）
二の丸・三の丸間に江戸幕府の米蔵が置かれた御用米曲輪があり、手前の発掘調査で瓦積塀や三ツ葉葵紋軒丸瓦等が発見されました。

瓦積塀。石敷の上に瓦と土が交互に積み上げられました。

三ツ葉葵紋軒丸瓦。徳川家の象徴で、120点以上が出土しました。

日向屋敷跡（小田原市）

三の丸堀外の北側に位置します。遺跡名は、小田原城主夫人が閉居した屋敷にちなみますが、その後下級武士がくらしたと伝わっています。2016〜18年の発掘調査では、礎石建物や便所、高級磁器・木製品等の武家屋敷に伴うと考えられる遺構・遺物が発見されています。

鍋島染付磁器皿。鍋島藩窯で焼かれた高級磁器で、城内と城下で出土しています。

金蒔絵櫛。上の櫛には椿があしらわれ、下の櫛には螺鈿（らでん）がちりばめられています。

三の丸杉浦平太夫邸跡（小田原市）
礎石建物。三の丸には「文久図」（1861〜1863年作成）にある杉浦氏や大久保氏等の人名で呼ばれる屋敷跡があります。写真の礎石建物は29×6m以上の大形の細長い建物で、杉浦平太夫邸の屋敷建物と推定されています。

三の丸大久保弥六郎邸跡（小田原市）
初期伊万里。17世紀前半の肥前磁器で、染付碗・皿、青磁鉢、白磁壺等が出土しています。

瓦長屋跡（小田原市）
「瓦長屋」墨書陶器。遺跡名は1817（文化14）年の大火後に家屋を瓦葺としたことに由来します。底面に記された墨書には遺跡名との関連が認められます。

◆村落と生業

　江戸期の集落は、大半が明治期に継続し、村落は主に村人がくらす居住域とそれを支える生産域や共同管理地等で構成され、農業を中心に漁業や林業、養蚕、炭焼、酒造り等が村人の生業でした。

　村人の居住域は、掘立柱建物や井戸等で構成され、各家の敷地も実態が解明されつつあります。

　村請制度によって生産域は田畑を中心に山林、沿岸の隅々に及び、新田や前時代からの耕地周辺も開発され、たばこ、さつまいも、なたね、麻等の新規農作物の生産にも成功しました。

　江戸前期までに農業を中心とする生産力は向上しますが、自然災害にも見舞われました。特に1707（宝永4）年の富士山噴火（宝永大噴火）では降灰が村落の生産域に甚大な被害をもたらしました。江戸中期以降、村落では農業や漁業の合間に商業も行われるようになり、陶磁器類、茶、紙類等の商品流通も促され、村人の生活文化を向上させます。

　なお生業と商業の結びつきは、明治期に塩業、養豚業等が発達する素地になりました。

上粕屋・石倉中遺跡（伊勢原市）
日本遺産認定の大山詣りに関連した田村通大山道の道跡や水車小屋跡が発見されました。大山道は大山山麓の村落内で網目状に張り巡らされ、戦国時代以降、春日局の参詣に関連して整備された可能性も指摘されています。

水車小屋跡。水車の軸受け用の石材と水車を回すための石組溝、排水用暗渠、臼の可能性が高い木質部が埋め込まれた竪穴部等から水車小屋跡と判断された近世～近代の遺構です。ここでは精米か製粉等の作業が行われたと考えられます。

横野山王原遺跡（秦野市）
畑地全体から宝永火山灰を充填した細長い土坑が発見されました。土坑は幅50cm、深さ80cmほどで、土地の区画ごとに並列しています。火山灰と畑の土を入れ替える「天地返し」が行われたことがうかがえます。

天地返し土層断面。天地返しは文献資料に「ほりうづめ」と記載され、畑の土を掘り、そこに火山灰を埋め、その上に掘られた畑の土をかぶせる原状回復の方法です。

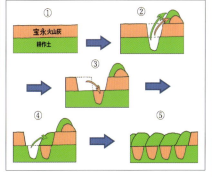

天地返し模式図。天地返しに被災村落で農地の持続可能なあり方を目指した復興への苦労が読み取れます。

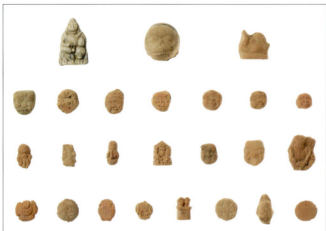

跡堀遺跡（海老名市）
玩具類。門沢橋村の一角を占めた遺跡から、泥面子（どろめんこ）・人形等の玩具類が多数出土しました。泥面子には神・人物・動物・植物等の様々なデザインが取り入れられています。これらの玩具類には、江戸の庶民を中心に生まれた遊びが県内の村落にも浸透していることを垣間見ることができます。

河原口坊中遺跡（海老名市）
出土遺物。遺跡は、東海道脇街道として知られる矢倉沢往還の厚木への渡船場がある河原口村に属します。レンガ造りの酒造施設とともに、江戸～大正期にかけての陶磁器類やガラス製品が発見されました。「大島酒造店」・「河原口」等の文字が書かれた酒を入れる貸出容器の「通い徳利」が多数出土し、遺跡が酒造りに関係した跡地であったことが判明しました。ここでの酒造りは、幕末期に村落で名主を務める家により創業されていたことが、文献資料から知られています。

◆寺院と墓地

　江戸前期には島原の乱（1637〜38）の後、鎖国とともにキリスト教の排除を目的とした寺請制度によって県域にも多数の寺院に付属する寺墓が造立されました。

　墓は村落の一角を占める場所とは別に、寺院の境内にも造営されるようになります。

　墓標は、石製の個人墓が一般化し、江戸中期頃から墓標を伴う墓には、大家族から小家族化への進展に伴う家への帰属意識を背景とした家族墓になったものもありました。

　開国とともに、横浜では外国人が増徳院の境内に埋葬されたことを発端に、横浜外国人墓地や根岸外国人墓地等の外国人専用の墓地が定められました。

小保戸遺跡（相模原市）
常照寺に関連する墓地が発見されました。横倒しの状態で検出された墓標には舟形に仏像を彫る旧型と直方体の新型の二種類があります。旧型のものは単独の戒名を刻んだ個人墓、新型のものは複数の戒名を刻んだ家族墓といった墓標の変遷過程がうかがえます。

上行寺裏（じょうぎょうじうら）遺跡（横浜市）
近世墓群。調査地は景勝地金沢八景に所在し、明治期まで嶺松寺境内の墓地であったことが、立ち並ぶ墓標の中に「嶺松院殿」の戒名が刻まれていたことから推定されました。

子易・中川原遺跡（伊勢原市）
丹沢山地（大山）南東山麓末端に立地しています。近代まで当地にあったと伝わる安楽寺に関係する石垣・石段が発見されました。

◆開国と戦争遺跡

　開国は、1853（嘉永6）年7月、アメリカのペリーが浦賀沖に黒船4隻で来航し、大統領国書を江戸幕府に提出したことを契機とします。

　ペリーは当時の日本人に軍艦から空砲を放つ等の威嚇行為で、恐怖心を植え付け、外圧による戦争への危機感を抱かせました。

　開国以降、首都防衛の要となった県内には様々な軍事施設が置かれ、横須賀には製鉄所や軍港等が建設され、近代化や海防の一大拠点としての役割を終戦まで果たします。その間に国内では戊辰戦争、西南戦争を経て、国外では日清戦争、日露戦争、第一次世界大戦、日中戦争等の戦争の当事国となりました。太平洋戦争以降は横浜・川崎・平塚・藤沢・小田原等での空襲により、甚大な被害が

浦賀奉行所跡及び与力・同心町跡（横須賀市）
試掘・確認調査が実施されています。ペリー来航で外国対応を担った浦賀奉行所は、その後、幕府海軍の拠点となり、明治以降は新政府施設～軍用地と変遷し、太平洋戦争中には帝国海軍への協力を行った企業の敷地として利用されました。幕末～戦前までの遺構と遺物が発見されています。

小原台堡塁（おばらだいほうるい）跡（横須賀市）
爆破痕土層断面。明治政府による帝都防衛の目的で整備された東京湾要塞の一つです。1913（大正2）年まで堡塁としての役割を担いました。爆破痕は、爆破による軍事演習が行われた跡です。

もたらされました。

　戦後の日本は、戦争を放棄し、平和主義国家としての道を歩みだしますが、開国〜終戦までの間、県内には、台場・砲台・堡塁・陣地・地下壕・防空壕・水道施設等の戦争遺跡（戦跡）が残されました。

　現在、戦争は隣国ロシアによる2022（令和4）年からの侵攻を受けたウクライナ情勢に対応する形で県内に影響を及ぼしています。

藤沢市北部第二（三地区）土地区画整理事業区域内遺跡群（藤沢市）
防空壕。藤沢海軍電測学校の敷地に構築されました。全長・幅6.7 m、高さ3.0 mを測るカマボコ形の外観は、コンクリートの流し込みによって形成されたと考えられます。

舞岡熊之堂遺跡（横浜市）
中隊本部跡。太平洋戦争末期の照空隊陣地です。南北36×東西28 mの範囲に囲郭施設〜地下室が、中心となる機関砲座に通路で連結されていました。

日吉台遺跡群（横浜市）
航空本部等地下壕。連合艦隊司令部地下壕に南西で接続する総延長5 km以上に及ぶ日吉台地下壕の一部で、航空本部、外国情報の分析を担う軍令部、東京通信隊が利用しました。出入口を背にして左右「Y」字状にわかれる通路と、まっすぐに伸びる構築時の工事用通路が発見されました。半円形状の出入口内部にはアミダクジ状の通路が配されました。

◆まちづくりと観光資源

江戸期の伊勢・大山詣りに連動した鎌倉、江ノ島、金沢八景等の古都、名所、景勝地はそれ以後も見物旅行地として賑わいます。

明治期に鉄道が敷設された東海道線は、江戸期に整備された東海道を基本とし、県域では川崎駅ー小田原駅間が昭和前期までに東海道本線となります。また東海道線は明治期までに横須賀線と接続することで、首都東京ー国際港都横浜ー軍港都横須賀間をつなぐ政治ー経済ー軍事の大動脈となり、川崎ー横浜間を中心に形成された京浜工業地帯の礎にもなりました。

鉄道網の広がりによって鎌倉・葉山・茅ヶ崎・平塚・大磯・小田原・箱根は別荘地・保養地・行楽地として発展し、座間・相模原は軍事施設建設が契機となって昭和前期までに都市化が進みました。

現在の県内のまちづくりは戦後の復興とともに進められてきましたが、近代までに戦災や震災等を逃れかつ残されてきた歴史的遺産は、当該地における観光資源の中心的役割を担っています。

石神遺跡（茅ヶ崎市）
機関庫。車両下部点検に用いられた大正期の相模鉄道（現在のJR相模線）の遺構です。

今小路西遺跡（鎌倉市）
ティーカップとマグカップ。明治～大正期に別荘地で紅茶やコーヒーをたしなむ生活のあり方がうかがえます。

旧岩崎家別邸貯水施設（大磯町）
赤煉瓦構造物。明治中・後期の別荘地内に構築された貯水施設と推定されます。

洲干島(しゅうかんじま)遺跡(横浜市)
遺跡はJR東日本京浜東北・根岸線桜木町駅と横浜高速鉄道みなとみらい線馬車道駅に挟まれています。江戸前期から干拓・埋立てで陸地化し、開港以降は山下居留地の西側で、関東大震災まで都市の一翼を担いました。建物基礎や雨水枡(うすいます)、埋設管、大岡川旧護岸等の遺構が検出されました。

･･･････････コラム ペットの墓･･････････

横浜市の山下居留地遺跡で検出された、手厚く葬られた前肢・後肢の長いイヌ(西洋犬)の骨からは、明治期の外国人が異国の地でも愛犬との暮らしを大切にしていたという心のあり方が読み取れます。

第2部 かながわの文化財

はちくん　まきちゃん

かながわ考古学財団の
イメージキャラクター。
川尻中村遺跡（相模原市）
から出土した「鉢巻き土偶」が
モデル。
素朴な顔とぽってりした
Bodyがとてもかわいい。

文化財とは、わが国の歴史の中で生まれ、現在まで守り伝えられてきた貴重な国民的財産です。そのため、国は文化財保護法に基づいて、重要なものとして指定や登録を行い、文化財の保存を進めています。

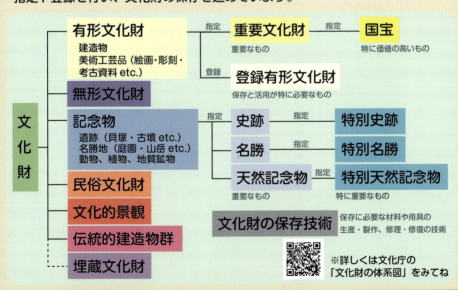

※詳しくは文化庁の「文化財の体系図」をみてね

エリア 1

公園には正倉が
復元されておるぞ〜

古墳と横穴墓を
一緒に散策〜♪

県指定考古資料が
見学できる！

⑭ 橘樹官衙遺跡群（たちばなかんが）

古代の役所跡（武蔵国橘樹郡家（ぐうけ））と寺院跡（影向寺（ようごうじ））です。正倉（稲などの租税を納める倉庫）跡などが見つかっています。

❸ 大塚・歳勝土遺跡（さいかちど）

弥生時代中期の環濠集落とその墓域（方形周溝墓）が見つかっています。歴史公園と横浜市歴史博物館をセットで見学するのがオススメです！

お手持ちの端末に
「AR永福寺」のアプリを
ダウンロード

現地のAR看板の
QRコードを読み取る

復元CGが出現！

© 湘南工科大学名誉教授長澤可也・井上通哉研究室

㊾ 永福寺跡（ようふくじ）

源頼朝が奥州合戦で亡くなった将兵たちの鎮魂のために建立した寺院跡です。平泉で目にした中尊寺や毛越寺（もうつうじ）を参考にしたとされています。（※写真は復元CG）

源頼朝と北条義時のお墓参り

「AR北条義時法華堂」も公開されているよ

国の重要文化財など貴重な仏像や絵図を間近で見学！

いざ鎌倉！

お庭がステキ♪

㊷ 鶴岡八幡宮境内（つるがおかはちまんぐう）

源頼義（よりよし）が京都の石清水（いわしみず）八幡宮を勧請（かんじょう）したのが始まりとされています。源頼朝によって現在地に遷（うつ）され、源氏の守り神として武士たちの崇敬を集めました。鎌倉のシンボル的存在です。

切通（きりどおし）ハイキング！

0　　　500m
1:20,000

115

エリア 3

仏教に関わる
企画展や特別展が
よく開催されているよ

鎌倉時代につくられた
現存する日本最古の港!

20 猿島砲台跡

1884（明治17）年に完成した東京湾要塞を構成する沿岸砲台です。無人島である猿島の自然と木々に埋もれた遺跡のコントラストは見応え抜群です！

136 旧相模川橋脚

1923（大正12）年の関東大震災と翌年の余震によって出現した橋杭です。鎌倉時代に稲毛重成によって架けられた橋と推定されています。

81 長柄桜山古墳群
（ながえさくらやま）

現存する県内最大級の前方後円墳2基からなる4世紀後半ごろの古墳群です。
墳丘頂上からは、江ノ島と富士山が望めます。
週末、古墳ハイキングはいかがでしょうか。

エリア 4

124 三増合戦場跡（みませかっせんじょうあと）

1569（永禄12）年、甲斐の武田信玄（たけだしんげん）は小田原城を攻めます。しかし、攻略できず、帰路に三増峠を通りました。これを察知した北条方は2万の軍勢で待ち受け、激戦となりました。

愛川町の郷土資料が盛りだくさん

96 勝坂遺跡（かつさか）

縄文時代中期の大規模な集落遺跡です。勝坂式土器（中期中葉）の標識遺跡でもあります。遺跡公園には、土葺きと笹葺きの竪穴住居が復元されています。いざ、縄文時代にタイムスリップ～♪

※「標識遺跡」とは、時期区分の基準となる土器型式が設定された遺跡のことです。土器の文様、形を比較して、年代を推定することができます。

97 田名向原遺跡（たなむかいはら）
わが国最古の建物跡（住居状遺構）が発見された旧石器時代（約2万年前）の遺跡です。石器製作をしていた場所や焚火の跡も見つかっています。

111 112 相模国分寺・尼寺跡
741（天平13）年、聖武天皇の詔によって建立された寺院跡で、発掘調査で礎石等が確認されました。

相模原の歴史や自然を学べる総合博物館

旧石器時代学習館の野外展示をチェック！

修験道をハイキング！

待ってるよ〜
有孔鍔付土器（ゆうこうつばつきどき）
（林王子遺跡出土）

6つの古墳からなる秋葉山古墳群を歩こう〜

相模国分寺の七重の塔（3分の1サイズ）が駅前に！

エリア 5

158 宝城坊境内（ほうじょうぼうけいだい）
日向山霊山寺の一坊です。平安時代中期に造られたとされる薬師如来両脇侍像が本尊。

146 桜土手古墳群（さくらどてこふんぐん）
7世紀代を中心とする35基の円墳からなる古墳群です。副葬品には、勾玉、耳環などの装飾品や直刀、須恵器などが出土しています。

秦野市の歴史を学べて古墳さんぽもできちゃう

古墳と横穴墓がいっぱいだ〜

ほんとだ〜

エリア 6

194 古代瓦焼がま跡
奈良時代に瓦を生産した古窯です。

河村城址歴史公園で山城を体感しよう

常設展示のほかに年間3回の特別展が開催されているぞ！

191 寒田神社（さむた）
相模国の延喜式内社（えんぎしきないしゃ）13社のうちの1社とされています。日本武尊（ヤマトタケルノミコト）が東征（とうせい）の際、立ち寄ったという伝説があります。
※「延喜式内社」とは、927（延長5）年に編纂（へんさん）された「延喜式神名帳（えんぎしきじんみょうちょう）」に記載されている神社のこと。

松田城は2つの沢を天然の要害として利用した連郭式山城です。

展示や講座の情報をチェック！

⑱ 岩原城跡
小田原北条氏以前に西相模を治めていた大森氏の城跡です。御城印をゲットしに南足柄へ！

「御城印」とは登城記念証のこと。城主の家紋や縁のあるものがデザインされていたり、十城十色！

⑲⑥ 河村城跡
小田原北条氏が西からの攻撃に備えた出城として整備しました。県内最大級の障子堀が復元されています。
※出城とは、本城の外や国境などの重要な場所に築いた城のこと。

秀吉との小田原合戦の際、小田原北条氏の第4代当主氏政と弟の氏照は切腹させられ伝心庵に葬られました。

1:100,000　0　3km

エリア 7

入り鉄砲に出女!!!

⑲ 箱根関跡
江戸時代に設置された東海道の関所跡です。当時の匠の技
や道具を使って復元されています。

江戸時代、湖岸に
広く点在していた
石仏や石塔などが
集まっているよ。

「一夜のうちに城を
出現させたように
築城した」という伝
説があるよ。

⑯ 石垣山
天正18（1590）年、豊臣秀吉による小田原合戦の際に本陣とし
て築かれた城跡です。一夜城の伝説があります。

198 元箱根石仏群

崖を彫りぬいた磨崖仏と、溶岩を切り出して造った宝篋印塔があります。

※宝篋印塔とは、墓塔・供養塔などに使われる仏塔の一種です。

甲冑着付け体験しに行こうかな

204 しとどの窟

1180（治承4）年、石橋山合戦で平家に敗れた源頼朝が身を隠したといわれる洞窟。

166 小田原城

戦国時代、小田原北条氏の本拠地となりました。総構と呼ばれる広大な外郭を持ち、難攻不落の城とうたわれましたが、天正18（1590）年、豊臣秀吉による小田原合戦によって北条氏は降伏します。その後、大久保氏などが城主となり、稲葉氏により近世城郭へ改修されました。

125

歩いて！見て！かながわの史跡

欄の色について
- 🟦 : 国指定史跡
- 🟨 : 県指定史跡
- 🟥 : 市町村指定史跡

記号について
- 👁 : 見学可能
- 📖 : 説明看板アリ
- 🌷 : 史跡公園

	No.	指定	史跡名称	所在地
横浜市	1	国	称名寺境内 👁 📖	横浜市金沢区金沢町・西柴町
	2	国	三殿台遺跡 👁 📖	横浜市磯子区岡村
	3	国	大塚・歳勝土遺跡 👁 📖 🌷	横浜市都筑区大棚西
	4	県	市ヶ尾横穴古墳群 👁 🌷	横浜市青葉区市ケ尾町
	5	県	品濃一里塚 👁 🌷	横浜市戸塚区品濃町
	6	県	稲荷前古墳群 👁 📖	横浜市青葉区大場町
	7	市	綱島古墳 👁 📖	横浜市港北区綱島東
	8	市	野島貝塚 👁	横浜市金沢区野島町
	9	市	荏子田横穴 👁 ※フェンス越しからの見学	横浜市青葉区荏子田
	10	市	師岡貝塚 👁	横浜市港北区師岡町
	11	市	鶴見神社境内貝塚 👁	横浜市鶴見区鶴見中央
	12	市	茅ケ崎城跡 👁 📖 🌷	横浜市都筑区茅ヶ崎東
	13	市	元町貝塚 👁	横浜市中区山手町
川崎市	14	国	橘樹官衙遺跡群 👁 📖	川崎市高津区千年字伊勢山台
	15	県	子母口貝塚 👁 🌷	川崎市高津区子母口
	16	県	東高根遺跡 👁 📖	川崎市宮前区神木本町
	17	県	西福寺古墳 👁 🌷	川崎市高津区梶ヶ谷
	18	県	馬絹古墳 👁 📖	川崎市宮前区馬絹
	19	市	春日神社・薬師堂・常楽寺境内及びその周辺 👁 📖	川崎市中原区宮内
横須賀市	20	国	東京湾要塞跡（猿島砲台跡）	横須賀市猿島
	21	国	東京湾要塞跡（千代ヶ崎砲台跡） 👁 📖 🌷	横須賀市西浦賀
	22	国	三浦安針墓 👁 📖	横須賀市西逸見町
	23	国	夏島貝塚 👁 🌷	横須賀市夏島町
	24	県	茅山貝塚	横須賀市佐原
	25	県	吉井貝塚を中心とした遺跡 📖	横須賀市吉井
	26	市	かろうと山古墳及び周辺地域 👁	横須賀市粟田
	27	市	大津古墳群	横須賀市大津町
	28	市	一騎塚 👁	横須賀市武
	29	市	磨崖仏 👁	横須賀市大矢部
	30	市	衣笠城跡 👁 📖 🌷	横須賀市衣笠町
	31	市	燈明堂跡及び周辺地域 👁 📖	横須賀市西浦賀
	32	市	内川新田開発記念碑 👁 📖	横須賀市久里浜
	33	市	朝倉能登守室墓 👁 📖	横須賀市追浜南町
	34	市	伝三浦義明廟所 👁 📖	横須賀市大矢部
	35	市	薬王寺旧跡 👁 📖	横須賀市大矢部
	36	市	伝三浦為継とその一党の廟所 👁 📖	横須賀市大矢部
	37	市	伝佐原義連廟所 👁 📖	横須賀市岩戸
	38	市	会津藩士墓地	横須賀市鴨居
鎌倉市	39	国	法華堂跡（源頼朝墓・北条義時墓） 👁 📖	鎌倉市西御門
	40	国	日野俊基墓	鎌倉市梶原
	41	国	浄光明寺境内・冷泉為相墓 👁 📖	鎌倉市扇ガ谷
	42	国	極楽寺境内・忍性墓 ※4月8日のみ公開	鎌倉市極楽寺
	43	国	伝上杉憲方墓 👁	鎌倉市極楽寺
	44	国	稲村ヶ崎（新田義貞徒渉伝説地） 👁 📖	鎌倉市稲村ガ崎
	45	国	若宮大路 👁	鎌倉市雪ノ下
	46	国	浄智寺境内 👁 📖	鎌倉市山ノ内
	47	国	寿福寺境内 👁 📖	鎌倉市扇ガ谷
	48	国	名越切通 👁	鎌倉市大町、逗子市小坪
	49	国	永福寺跡 👁 📖	鎌倉市二階堂
	50	国	建長寺境内、建長寺庭園 👁 📖	鎌倉市山ノ内
	51	国	浄妙寺境内 👁 📖	鎌倉市浄明寺
	52	国	鶴岡八幡宮境内 👁 📖	鎌倉市雪ノ下
	53	国	円覚寺境内、円覚寺庭園 👁 📖	鎌倉市山ノ内 円覚寺派宗務本所
	54	国	覚園寺境内 👁	鎌倉市二階堂
	55	国	和賀江嶋 👁	鎌倉市材木座
	56	国	朝夷奈切通 👁	鎌倉市十二所、横浜市金沢区朝比奈町峠坂
	57	国	亀ヶ谷坂 👁	鎌倉市扇ガ谷
	58	国	巨福呂坂 👁	鎌倉市雪ノ下
	59	国	化粧坂 👁 📖	鎌倉市扇ガ谷
	60	国	瑞泉寺境内 👁 📖	鎌倉市二階堂
	61	国	大仏切通 👁 📖	鎌倉市笛田

	No.	指定	史跡名称	所在地
鎌倉市	62	国	北条氏常盤亭跡	鎌倉市常盤
	63	国	明月院境内	鎌倉市山ノ内
	64	国	東勝寺跡	鎌倉市小町
	65	国	鎌倉大仏殿跡	鎌倉市長谷
	66	国	荏柄天神社境内	鎌倉市二階堂
	67	国	仏法寺跡	鎌倉市坂ノ下
	68	国	一升桝遺跡	鎌倉市極楽寺
	69	国	大町釈迦堂口遺跡	鎌倉市大町
	70	県	段葛	鎌倉市雪ノ下
	71	県	百八やぐら（覚園寺）	鎌倉市二階堂
	72	市	十一人塚	鎌倉市稲村ガ崎
	73	市	内藤家墓地	鎌倉市材木座
	74	市	瓜ヶ谷やぐら群	鎌倉市山ノ内字東瓜ヶ谷
	75	市	多宝寺址やぐら群	鎌倉市扇ガ谷
	76	市	洗馬谷横穴群	鎌倉市関谷字下坪
	77	市	千葉ヶ谷横穴群 ※個人敷地内にある	鎌倉市御成町
	78	市	大伴神主家墓所	鎌倉市扇ガ谷
	79	市	番場ヶ谷やぐら群	鎌倉市十二所字馬場
	80	市	相馬師常墓やぐら	鎌倉市扇ガ谷
逗子市	81	国	長柄桜山古墳群	逗子市 桜山、葉山町長柄
	82	市	こんぴら山やぐら群	逗子市沼間 神武寺
	83	市	みろくやぐら	逗子市沼間 神武寺
	84	市	先祖やぐら横穴	逗子市沼間
	85	市	山の根谷装飾横穴 ※個人敷地内にある	逗子市山の根
	86	市	六代御前の墓伝説地	逗子市桜山
三浦市	87	国	赤坂遺跡	三浦市初声町三戸字ハタ
	88	県	毘沙門洞窟弥生時代住居阯群	三浦市南下浦町毘沙門
	89	市	諸磯遺跡	三浦市三崎町諸磯字新堀
	90	市	切妻造妻入形横穴古墳	三浦市南下浦町菊名
葉山町	91	町	大正天皇崩御・昭和天皇皇位継承の地	葉山町一色 葉山しおさい公園内
	92	町	「古将の墓」並びに「副葬品」	葉山町一色 実教寺
	93	町	旗立山（鐙摺山）	葉山町堀内
相模原市	94	国	寸沢嵐石器時代遺跡	相模原市緑区寸沢嵐
	95	国	川尻石器時代遺跡	相模原市緑区谷ヶ原
	96	国	勝坂遺跡	相模原市南区磯部
	97	国	田名向原遺跡	相模原市中央区田名塩田
	98	市	無量光寺境内及び爰退の遺跡	相模原市南区当麻
	99	市	惣吉稲荷境内	相模原市南区上鶴間本町
	100	市	当麻谷原古墳（1号墳） ※個人敷地内にある	相模原市南区当麻
	101	市	当麻東原古墳	相模原市南区当麻
	102	市	相模野基線北端点	相模原市南区麻溝台
	103	市	龍像寺の岡野氏墓地	相模原市中央区東淵野辺
厚木市	104	市	旧厚木村渡船場跡	厚木市 東町
	105	市	荻野山中藩陣屋跡	厚木市下荻野
	106	市	烏山藩厚木役所跡	厚木市厚木町
	107	市	本間氏累代の墓	厚木市金田 建徳寺
大和市	108	市	旧石川家墓地	大和市上和田 信法寺
	109	市	旧中根家墓地	大和市福田 常泉寺
	110	市	旧小倉家住宅宅地	大和市下鶴間
海老名市	111	国	相模国分寺跡	海老名市国分南
	112	国	相模国分尼寺跡	海老名市国分北
	113	国	秋葉山古墳群	海老名市上今泉
	114	県	上浜田中世建築遺構群	海老名市浜田町
	115	市	瓢箪塚古墳	海老名市国分南
座間市	116	市	鈴鹿横穴墓群 ※フェンス越しからの見学	座間市入谷西
	117	市	梨の木坂横穴墓群	座間市入谷西
	118	市	鈴鹿遺跡 ※個人敷地内にある	座間市入谷
	119	市	相模野基線南端点	座間市ひばりが丘
	120	市	基線中間点	座間市相模が丘
綾瀬市	121	国	神崎遺跡	綾瀬市吉岡
	122	県	早川城跡	綾瀬市早川
愛川町	123	町	八菅山修験道旧跡	愛川町八菅山
	124	町	三増合戦場跡	愛川町三増

市	No.	指定	史跡名称	所在地
平塚市	125	国	五領ヶ台貝塚	平塚市広川
藤沢市	126	国	藤沢敵御方供養塔	藤沢市西富 清浄光寺
	127	市	杉山和一の墓	藤沢市江の島 西浦霊園内
	128	市	大橋重政の墓	藤沢市鵠沼神明 空乗寺
	129	市	耕余塾の跡	藤沢市羽鳥
	130	市	西富貝塚 ※フェンス越しからの見学	藤沢市西富
	131	市	神光寺横穴古墳（横穴墓）群	藤沢市川名
	132	市	浄土院筆子塚群5基	藤沢市菖蒲沢 浄土院
	133	市	善然寺筆子塚群5基	藤沢市下土棚 善然寺
	134	市	大庭の舟地蔵伝承地	藤沢市大庭城左
	135	市	大庭城跡	藤沢市大庭字城山
茅ヶ崎市	136	国	旧相模川橋脚	茅ヶ崎市下町屋
	137	国	下寺尾官衙遺跡群	茅ヶ崎市下寺尾字西方
	138	国	下寺尾西方遺跡	茅ヶ崎市下寺尾字西方
	139	県	堤貝塚 ※フェンス越しからの見学	茅ヶ崎市堤
	140	市	浄見寺の大岡家一族墓所	茅ヶ崎市堤 浄見寺
	141	市	茅ヶ崎一里塚	茅ヶ崎市元町
	142	市	藤間家（近世商家）屋敷跡 ※立入禁止	茅ヶ崎市柳島
秦野市	143	県	二子塚古墳	秦野市下大槻
	144	市	源実朝公御首塚	秦野市東田原
	145	市	米倉丹後守一族の墓地	秦野市堀山下
	146	市	桜土手古墳群	秦野市堀山下
伊勢原市	147	国	伊勢原八幡台石器時代住居跡	伊勢原市八幡台
	148	市	上杉館跡	伊勢原市上粕屋字立原
	149	市	浄発願寺奥ノ院	伊勢原市日向字一ノ沢
	150	市	一之坪条里制度遺跡	伊勢原市笠窪字一ノ坪、伊勢原市白根字市ノ坪
	151	市	箕輪駅跡	伊勢原市笠窪字三ノ輪
	152	市	下谷戸縄文遺跡環状列石及住居跡	伊勢原市三ノ宮付近 ※比々多神社社殿のうしろに移築保存
	153	市	太田道灌の墓（洞昌院）	伊勢原市上粕屋
	154	市	太田道灌の墓（大慈寺）	伊勢原市下糟屋
	155	市	岡崎城跡	伊勢原市岡崎 無量寺
	156	市	実蒔原古戦場	伊勢原市西富岡北実蒔原
	157	市	浄業寺跡	伊勢原市三ノ宮竹ノ内
	158	市	宝城坊境内	伊勢原市日向
寒川町	159	町	塔の塚 ※フェンス越しからの見学	寒川町岡田
	160	町	大（応）神塚	寒川町岡田
大磯町	161	県	釜口古墳 ※フェンス越しからの見学	大磯町大磯
	162	県	楊谷寺谷戸横穴群	大磯町大磯
	163	県	庄ヶ久保横穴群	大磯町国府本郷
	164	県	たれこ谷戸西横穴群	大磯町虫窪
	165	町	鴫立澤	大磯町大磯
小田原市	166	国	小田原城跡	小田原市浜町・栄町・城内・城山ほか
	167	国	石垣山	小田原市早川梅ヶ窪
	168	県	石橋山古戦場のうち与一塚及び文三堂	小田原市石橋、米神
	169	市	明治天皇宮ノ前行在所跡	小田原市本町
	170	市	明治天皇本町行在所跡	小田原市本町
	171	市	平成輔の墓所	小田原市南町 報身寺
	172	市	北条氏政・氏照の墓所	小田原市栄町
	173	市	中世集石墓	小田原市久野
	174	市	久野諏訪ノ原4号古墳	小田原市久野
	175	市	稲葉一族の墓所と鉄牛和尚の寿塔	小田原市入生田　墓所、寿塔
	176	市	久野1号古墳	小田原市穴部
	177	市	大久保一族の墓所	小田原市城山 大久寺
	178	市	桐大内蔵の墓所	小田原市扇町 長安寺
	179	市	田島及び羽根尾横穴古墳群	小田原市田島、羽根尾

市	No.	指定	史跡名称	所在地	No.	指定	史跡名称	所在地
南足柄市	180	市	岩原城跡	南足柄市岩原	186	市	性rège院殿の墓	南足柄市雨坪
	181	市	文命堤	南足柄市怒田	187	市	矢倉沢裏関所跡	南足柄市矢倉沢
	182	市	藤原範茂卿の墓	南足柄市怒田	188	市	伝上杉憲実一族の宝篋印塔群3基	南足柄市怒田
	183	市	矢倉沢関所跡	南足柄市矢倉沢	189	市	大塚	南足柄市塚原
	184	市	天野康景の墓	南足柄市沼田	190	市	松平大和守直基の墓	南足柄市大雄町
	185	市	藤原範茂卿従者の墓	南足柄市怒田			※181～191は	

	No.	指定	史跡名称	所在地	No.	指定	史跡名称	所在地
松田町	191	町	寒田神社	松田町松田惣領	194	町	古代瓦焼がま跡	松田町松田庶子
	192	町	松田城址	松田町松田庶子	195	町	縄文時代竪穴住居跡	松田町松田庶子
	193	町	最明寺跡	松田町松田惣領				
山北町	196	県	河村城跡	山北町山北				
箱根町	197	国	箱根関跡	箱根町箱根	201	町	賽の河原	箱根町元箱根
	198	国	元箱根石仏群	箱根町元箱根	202	町	箱根権現別当の墓地	箱根町元箱根
	199	国	箱根旧街道	箱根町・三島町・函南町	203	町	白石地蔵	箱根町湯本
	200	町	東光庵熊野権現旧跡	箱根町芦之湯				
湯河原	204	県	土肥椙山巌窟(しとどの窟)	湯河原町鍛冶屋	205	県	土肥一族の墓所	湯河原町城堀

かながわの歴史系博物館一覧

No.	施設名	電話番号	所在地
1	神奈川県立歴史博物館	045-201-0926	横浜市中区南仲通 5-60
2	神奈川県埋蔵文化財センター	045-252-8661	横浜市南区中村町 3-191-1
3	横浜開港資料館	045-201-2100	横浜市中区日本大通 3
4	横浜ユーラシア文化館	045-663-2424	横浜市中区日本大通 12
5	八聖殿郷土資料館	045-622-2624	横浜市中区本牧元町 76-1
6	馬の博物館	045-662-7581	横浜市中区根岸台 1-3
7	神奈川県立金沢文庫	045-701-9069	横浜市金沢区金沢町 142
8	横浜市ふるさと歴史財団埋蔵文化財センター	045-890-1155	横浜市栄区野七里 2-3-1
9	横浜市歴史博物館	045-912-7777	横浜市都筑区中川中央 1-18-1
10	横浜市三殿台考古館	045-761-4571	横浜市磯子区岡村 4-11-22
11	若宮八幡宮郷土資料館	044-222-3206	川崎市川崎区大師駅前 2-13-16 若宮八幡宮参集殿 2 階
12	横須賀市自然博物館・人文博物館	046-824-3688	横須賀市深田台 95
13	赤星直忠博士文化財資料館	046-857-7626	横須賀市長坂 2-8-12　宇内建設株式会社 3 階
14	鶴岡八幡宮宝物殿	0467-22-0315	鎌倉市雪ノ下 2-1-31
15	鎌倉国宝館	0467-22-0753	鎌倉市雪ノ下 2-1-1　鶴岡八幡宮境内
16	観音ミュージアム	0467-22-6100	鎌倉市長谷 3-11-2　長谷寺境内
17	鎌倉宮宝物殿	0467-22-0318	鎌倉市二階堂 154
18	鎌倉歴史文化交流館	0467-73-8501	鎌倉市扇ガ谷 1-5-1
19	池子遺跡群資料館	046-871-7006	逗子市池子字花ノ瀬 60-1　池子の森自然公園内
20	赤坂弥生学習室	046-888-6111	三浦市初声町入江 200 初声市民センター 1 階
21	相模原市立博物館	042-750-8030	相模原市中央区高根 3-1-15
22	吉野宿ふじや	042-687-5022	相模原市緑区吉野 214
23	史跡田名向原遺跡旧石器時代学習館	042-777-6371	相模原市中央区田名塩田 3-23-11
24	あつぎ郷土博物館	046-225-2515	厚木市下川入 1366-4
25	つる舞の里歴史資料館	046-278-3633	大和市つきみ野 7-3-2
26	海老名市立郷土資料館　海老名市温故館	046-233-4028	海老名市国分南 1-6-36
27	神崎遺跡資料館	0467-77-0841	綾瀬市吉岡 3425 番地 5
28	愛川町郷土資料館	046-280-1050	愛川町半原 5287
29	清川村宮ケ瀬湖水の郷交流館	046-288-3100	清川村宮ケ瀬 951-3
30	平塚市博物館	0463-33-5111	平塚市浅間町 12-41
31	遊行寺宝物館	0466-22-2063	藤沢市西富 1-8-1
32	藤沢市藤澤浮世絵館	0466-33-0111	藤沢市辻堂神台 2-2-2 ココテラス湘南 7 階
33	茅ヶ崎市博物館	0467-81-5607	茅ヶ崎市堤 3786-1
34	はだの歴史博物館	0463-87-9581	秦野市堀山下 380-3
35	三之宮郷土博物館	0463-95-3237	伊勢原市三ノ宮 1472
36	文化財学習センター	0467-75-1930	寒川町一之宮 7-3-1（一之宮小学校内）
37	大磯町郷土資料館	0463-61-4700	大磯町西小磯 446-1
38	湘南にのみやバーチャル郷土館		二宮町ホームページ
39	小田原市郷土文化館	0465-23-1377	小田原市城内 7-8
40	神奈川県立生命の星・地球博物館	0465-21-1515	小田原市入生田 499
41	南足柄市郷土資料館	0465-73-4570	南足柄市広町 1544
42	おもしろ体験博物館 江戸民具街道	0465-81-5339	中井町久所 418
43	中井町郷土資料館	0465-81-3907	中井町比奈窪 107
44	郷土資料館・お山のギャラリー	0465-85-5013	大井町柳 248
45	松田町生涯学習センター	0465-83-7021	松田町松田惣領 2078
46	酒匂川ふれあい館	0465-84-0320	開成町吉田島 3455
47	箱根町立郷土資料館	0460-85-7601	箱根町湯本 266
48	箱根関所資料館	0460-83-6635	箱根町箱根 1 番地
49	真鶴町民俗資料館（閉館）		真鶴町岩 596

財団が担う文化財保護と活用

◆文化財保護の体系

　土地に埋蔵されている文化財を埋蔵文化財といいます。神奈川県の統計資料によると、埋蔵文化財包蔵地は8,026箇所（令和4年12月31日現在）あります。

　埋蔵文化財のうち、出土品は考古資料として有形文化財に、遺跡は記念物に含まれています。国は文化財保護法により重要なものを重要文化財や史跡に指定しています。

　全国の多くの地方公共団体が文化財保護条例を制定し、それに則して地域内に存在する文化財の指定等を行っています。

◆記録保存調査と保存目的調査

　インフラ整備等により埋蔵文化財が破壊される場合、その記録を作成するために「記録保存調査」を行います。かながわ考古学財団（以下、財団）では、圏央道や新東名高速道路等の建設に先立つ発掘調査を実施してきました。

宮久保遺跡解説板（綾瀬市）

史跡化を目指して実施する発掘が「保存目的調査」です。財団では長柄桜山古墳群、古都鎌倉を取り巻く山稜部、国指定史跡川尻石器時代遺跡などの発掘調査を実施してきました。

◆発掘したその後

　発掘作業のあとは記録類や出土品を整理して、発掘調査報告書を刊行します。これは公的な図書館などで閲覧できます。

　発掘調査の結果、史跡や考古資料の県指定重要文化財に指定されたものが『神奈川県文化財目録』に掲載されています。

　最近の指定内容を一部みてみましょう。県指定重要文化財に鎌倉市下馬周辺遺跡出土の鎧（2016年指定）が、国史跡では、江戸城石垣石丁場跡［小田原市早川石丁場等］（2016年）、下寺尾官衙遺跡群［茅ヶ崎市西方A遺跡］（2015年）、茅ヶ崎市下寺尾西方遺跡（2019年）があります。

　史跡は遺跡所在地の教育委員会が行う発掘調査成果により整備の方向性などが検討されます。

◆連携した取り組み

　適切かつ円滑な発掘調査や、遺跡と

出土品の有効な保存・活用を行うため、文化庁は「埋蔵文化財発掘調査体制等の整備充実に関する調査研究委員会」を設置しています。財団も全国埋蔵文化財法人連絡協議会の代表として令和2〜3年に委員を委嘱されました。

かながわ考古学EXPO －30年のあゆみ－

綾瀬市では目久尻川流域に広がる歴史文化資源を活用した「あやせ目久尻川歴史文化ゾーン構想」が策定され、財団も協議会へアドバイザーとして参加しています。それに関連して遺跡解説板の解説文を提供してきました。

伊勢原市は市民の力で文化財を護り育てることをテーマとした「いせはら歴史解説アドバイザー養成講座」を開講しています。財団も発掘調査経験の豊富な講師を派遣しています。

その他にも、市制施行の周年記念文化財事業を受託し、また、市史等の執筆への協力、指定重要文化財の発掘調査指導者として指導助言なども行ってきました。

◆活用と未来に向けた取り組み

財団は地域文化の振興を目的とした事業を計画し、発掘を実施した市町村と連携して展示や講座、史跡での体験事業を行っています。

発掘調査遺跡の活用として、発掘調査の体験、行政職員研修、海外技術研修員の受け入れをしてきました。発掘調査記録の活用では、発掘した各地において、遺跡や出土品整理室の見学会を行い、発掘成果の発表会・展示会も実施しています。研究成果はセミナーとして公開し、関東地方の法人とも連携して普及啓発事業を行っています。

2023年は設立30周年記念であったため、より一般の方が参加しやすい考古学EXPOを横浜駅・そごう前で開催しました。

発掘で新たにわかった歴史を後世にしっかり伝えていくためにも、インターンシップで次世代へ埋蔵文化財に関連する仕事を紹介し、公益財団法人の使命として、これからも文化財保護に積極的に関与していきます。

公益財団法人かながわ考古学財団
常務理事
柏木善治

第3部 わたしの推し遺跡・遺物

この章では、神奈川県内市町村にある遺跡・遺物について、神奈川県内市町村のうち18市町村の女性担当者による推し遺跡・遺物MAPを紹介しています。

各担当者が街にたくさんある遺跡・遺物のうち、これは知ってほしい！　という、"一番の推し"がかかれており、それぞれの想いがつまった遺跡・遺物MAPとなっています。

旧石器から近代まで、わたしたちの祖先の歴史は足元に眠っています。わたしたちの住む街にどんな遺跡があるのか、次のページからみていきましょう！

第3部　イラスト　今井しょうこ
某遺跡発掘調査会社で作業員をしながら遺跡発掘マンガやイラストを描いています

各市町村の皆さんの遺跡に対するアツい想いを受けとめてイラストにしました。遺跡の楽しさをお伝えします!!

史跡北条氏常盤亭跡
【鎌倉市】

橘樹官衙遺跡群橘樹郡家跡【川崎市】

おびのっち!!

大日野原遺跡出土土偶付深鉢型土器
【相模原市】

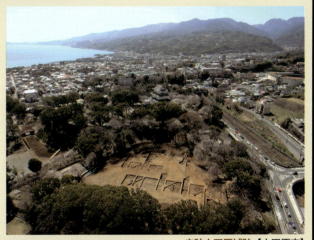

史跡小田原城跡【小田原市】

千代ヶ崎砲台跡
【横須賀市】

わたしの推し遺跡・遺物
横浜市

(公財)横浜市ふるさと歴史財団
埋蔵文化財センター

浪形早季子さん

近頃オージープランツにはまっています！

元町貝塚
～ "the YOKOHAMA" な遺跡～

開港以降の近代都市である横浜。「海」のイメージが強い横浜ですが、実は緑広がるのどかな田園風景が多く、遺跡もたくさんあります。

そんな中、私の推し遺跡はやっぱり、海や近代都市を象徴する "the YOKOHAMA" なイメージを体現した元町貝塚です。

場所は中区、山手の外国人墓地の近く、みなとみらい線「元町・中華街」駅の上のアメリカ山公園に位置します。

幕末から大正期までアメリカ公使館の書記官やイギリス人医師が住んだとされ、ジェラール瓦など近代遺物が出土。その下には縄文時代中期初めの貝塚。シカもサルもイルカもカワウソも、貝輪も銛も糞石も、まあ出るわ出るわ。近代遺跡も縄文時代の貝塚も、両方兼ね備えた欲張りな遺跡なのです。

♪ されば港〈貝塚〉の数多かれど
　　この横浜〈元町〉にまさるあらめや ♪
　　　　　　　　　　　（横浜市歌より）

ヒトとモノの交差する開港場(貝・交・場)、縄文人も異邦人も歩いただろうクリフサイドを是非皆さんも訪れてみては。

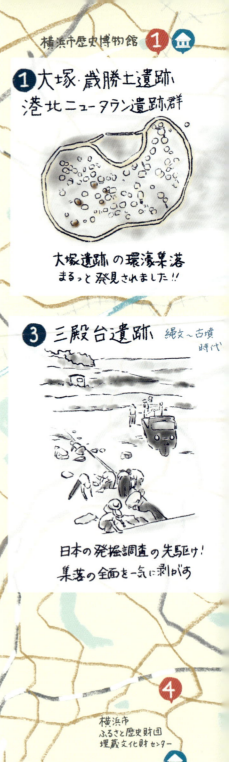

134

弥生時代 中期

その人々の墓地が おとなり 歳勝土遺跡

❷ 洲干島遺跡・山下居留地遺跡

幕末 近代

近代的な ビルの街並み その下にも 遺跡が 眠っていた のです

東海道線

神奈川県立歴史博物館

❷

神奈川県埋蔵 文化財センター

❸

横浜市 三殿台考古館

❺ 元町貝塚

縄文時代 中期 近代

"オシャレ!!"

貝でつくった ブレスレット。アカニシ、イダボガキ アカガイの素材で大小サイズが出土

❻ 称名寺貝塚 縄文時代後期

高度に発達した漁撈文化で イルカ漁なども していました

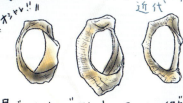

← 発達した銛

❹ 上郷深田遺跡

古墳 奈良平安 時代

県内で唯一の 製鉄遺跡

砂鉄 炭 「たたら」 です ふいご 鉄滓

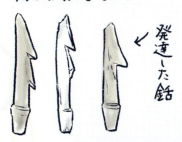

わたしの推し遺跡・遺物
川崎市

川崎市教育委員会
淺井佳奈さん

趣味はバスケ観戦！

橘樹官衙遺跡群
～川崎市**初**の国史跡に
全国**初**の飛鳥時代の復元倉庫!!～

　川崎市は、戦後の日本を支えた工業地域の川崎区、緑あふれる生田緑地のある多摩区等、7区それぞれに異なる魅力があります。早くから都市化が進んだため歴史や文化財が少ないイメージを持つ方が多いですが、継続した調査研究の結果、旧石器時代から近現代まで幅広い時代で人の営みを感じる遺跡や文化財が残っていることが明らかになっています。

　私の推し遺跡は橘樹官衙遺跡群！　約1,300年前、現在の川崎市の大部分は橘樹郡と呼ばれる地域になりました。この橘樹郡の役所跡"橘樹郡家跡"と、隣接して造営された古代寺院跡"影向寺遺跡"を併せて橘樹官衙遺跡群と呼んでいます。

　橘樹官衙遺跡群は平成27年3月に川崎市"初"の国指定史跡となり、全国"初"の飛鳥時代の倉庫も復元されています。今後、盛り上がっていくこと間違いなし！

　川崎で誰よりも先に"初"体験してみませんか？

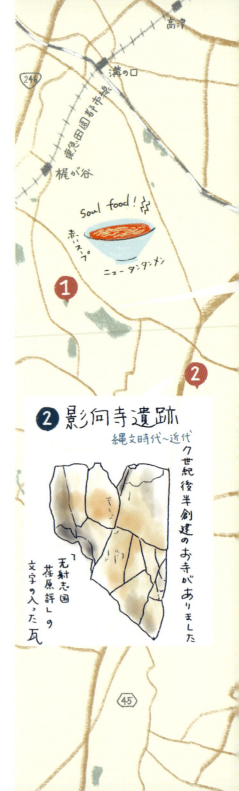

① 西福寺古墳 古墳時代後期

水鳥埴輪
頭の部分が出土しています
県指定史跡

このあたりには古墳が集中してました
公園内には古墳が保存されてるよ！

③ 千年伊勢山台遺跡
（橘樹郡家跡）
飛鳥時代〜平安時代初頭

飛鳥時代の倉庫が復元されてるよ！

税として納められた稲を保管してたのだ

約1300年以上前の役所跡が！！

「古代武蔵国橘樹郡」

市制100周年
2024.7.1

④ 子母口貝塚　縄文時代早期後半

獣骨も！
縄文土器も！
貝

多摩丘陵最古級の貝塚です

わたしの推し遺跡・遺物
相模原市

相模原市教育委員会
江川真澄さん

国内外問わず、焼きものを見るのにずっとハマってます！

土偶装飾付き縄文土器
～大日野原遺跡～

　相模原市は平成18年と19年に津久井・相模湖・城山・藤野の4町と合併して、市域が約3倍以上になりました。山梨県に近い山間部から徐々に平野へと移り替わっていく町並みは変化に富み、そこに旧石器時代から現代までの人々の暮らしが息づいています。

　私の推し遺物は大日野原遺跡の土偶装飾付土器です。小規模な調査しか行われていませんが、縄文時代中期を中心に大規模な集落が営まれていたと考えられている遺跡です。

　土器の縁についた土偶は「おびのっち」！実は横から見ると土器の縁にツンとおしりを出すように、ちょこんと座っているのがとっても可愛いんです。おびのっちは相模原市立博物館のマスコットとしても活躍しています。なんと大英博物館にも行ったことがあるんですよ。

　普段は正面から見てしまいがちな土器、今度はいろんな角度から眺めてみてはどうでしょう。

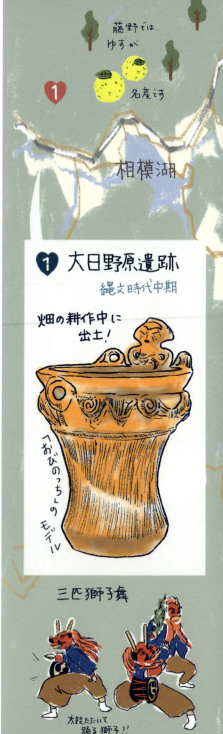

❷ 津久井城跡 中世

相模原市のほぼ中央にドーンッと山城
相模、武蔵、甲斐の「境目の城」
重要な役割をはたしました

❸ 苦久保遺跡 平安時代

土器の内面にも外面にも「大」と書かれています。なんと朱書き
珍しい！墨はあるけど〜

❹ 大島のヤツボ 近世以降

「ヤツボ」とは、湧水を石組みで囲い生活の水場として利用した施設です。水道が普及前多くのヤツボがありました

❺ 田名向原遺跡 旧石器 縄文時代

旧石器の住居状遺構と縄文のクルミ形の土器で有名です

わたしの推し遺跡・遺物
横須賀市

横須賀市教育委員会
川本真由美さん

どら焼きを発明した人は神だと思います。

千代ヶ崎砲台跡
～海の街の鉄壁の守り～

　横須賀市は三浦半島の中央にあり、海や山々といった豊かな自然に恵まれています。

　旧石器時代から連綿と人びとが生活してきた痕跡がありますが、やはりペリー来航からの開国に始まる近代化の舞台となった姿が体感できるところがオススメです！

　幕末に徳川幕府が建設を開始した横須賀製鉄所とその後の海軍の街としての発展、また首都東京を防衛するために陸軍が建設した砲台群は、横須賀ならではと言えます。

　千代ヶ崎砲台は明治28年に東京湾内湾の入り口に建設されました。

　建設当初の姿をよく残しており、ゆるくカーブする地下施設への坂道を降りていくと、まるで異世界に迷い込んだようです。

　地上部分からは、浦賀水道を行き来する漁船やフェリー、タンカーのほか、米海軍や海上自衛隊の艦船を眺めることができ、時間を忘れてしまいます。

　現代のような重機がない明治時代に大土木工事が行われ、煉瓦やコンクリートといった当時最新の材料を使った砲台跡に立って、欧米に追い付こうとした明治時代人に思いを馳せてみてはいかがでしょうか。

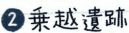

❶ 夏島貝塚　縄文時代

国指定史跡

昭和25、30年に発掘調査されてます
年代測定で約10,000年前の貝塚と測定され世界的にもセンセーションを巻き起こす!!

❷ 乗越遺跡　奈良時代

相模国分寺創建期の瓦をつくっていた窯跡がここにっ！船で相模川を上って運ばれていたのです

Navy Curry

③ 浦賀ドック 近代

明治32年から平成15年まで現役だった煉瓦造ドックです

造船所施設

ペリーが来た工

記念艦三笠

汐入　横須賀中央

⑤ 浦賀奉行所跡 近世

全体像があきらかに！

⑥ 燈明堂跡 近世

江戸時代に浦賀港の入口に建てられた燈明堂

土台の石垣は当時のもの

④ 泉元寺跡 奈良時代

お寺の瓦が出土

④

北久里浜　　　浦賀

⑧ 蔘原古墳 古墳時代

「男子弾琴椅座全身像」

埴輪
座ってる
弾いてる
男子

小学校建設時に発見されました。

⑤

久里浜 ⑥

⑧　241

⑦ 千代ヶ崎砲台跡 近代

くりはま花の国

異世界感がたまらへ

212

214
26
210

わたしの推し遺跡・遺物
平塚市

東海大学
白川美冬さん

美味しいドングリ教えます。

王子ノ台遺跡
～教室の下は家と墓!?～

　平塚市は相模川の西側の海に面した、四季温厚で自然豊かな地域です。今も昔も暮らしやすさには定評があったようで、ひとたび土を剥ぐと様々なドラマに遭遇します。

　そんな平塚市内で働く私の推し遺跡は、東海大学の足元に眠る王子ノ台遺跡です。

　大学の校舎を建てた際に、旧石器時代や縄文時代など……様々な時代を生きた人々の生活の跡が発見されました。

　とくに弥生時代には静岡県域の出身者との交流が盛んでした。新たな友と出逢い、友情や愛情、知識や技術を育む場所として、今も昔も機能していたようです。

　彼らは現在の東海大学の11号館に家を建て、亡くなった家族や友人との別れを惜しみつつ、14号館に墓を造りました。校舎を訪れた際には、ぜひ、いにしえを生きた人々に思いを馳せてみませんか？

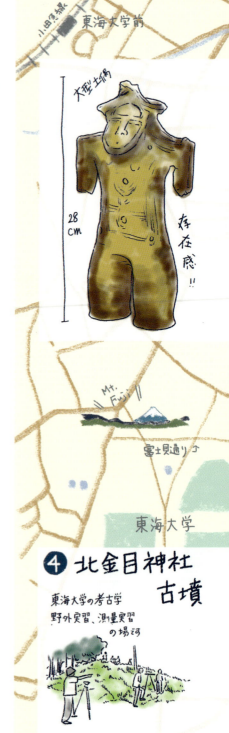

大根川　NITTANパーク おおね

❶ 王子ノ台遺跡
旧石器・縄文・弥生
　　　　古墳 中世

縄文後期に
関東西南部から
中部地方に限定して分布する
大形中空土偶です
仮面をつけて、どっしり
踏んばった脚で
しっかり自立しています

❷ 塚越古墳
古墳前期

前方後方墳

朱・管玉・鉄製品が出土

春には桜

憩いの場…♪

真田神社

(612)

❸　❷

❶

北金目神社

❸ 北金目塚越遺跡
旧石器・縄文・弥生・古墳 中世

ヘラで描かれてマス!!

弥生中期の壺
4匹の鹿が
走っているの
です

おにぎり状 炭化米!!
弥生時代後期の
調理された米!!
全国で3例目

古墳前期後半
〜中期初頭

市内最古の
　神社です

17C中〜後に建立

金目親水公園

(612)

金目川

わたしの推し遺跡・遺物
鎌倉市

鎌倉市教育委員会
米澤雅美さん

埴輪と鳥が大好き。

北条氏常盤亭跡
～鎌倉時代中期の政治史、文化史を象徴する遺跡～

　鎌倉市は三浦半島の付け根の西側に位置します。源頼朝が鎌倉幕府を開いた地です。

　鎌倉時代は政治、文化の中心地として栄えましたが、鎌倉幕府が倒れた後も武家政権発祥の地として時の権力者から大切にされてきました。今は市内各所に残る多数の名所旧跡を目当てに、たくさんの観光客が訪れます。

　私の推し遺跡は史跡北条氏常盤亭跡です。鎌倉幕府第7代執権であった北条政村らの別邸跡です。別邸と言っても一門で谷全体を使っていたので、史跡指定範囲だけでも約11.1ヘクタールと大変な広さです。ここに別邸があったのは要衝である大仏切通を防衛するため。ここは鎌倉時代中期の政治、文化を物語るとても貴重な遺跡なんです。

　鎌倉駅西口を出てひたすらまっすぐ進むと、長谷隧道を抜けた先に史跡北条氏常盤亭跡があります。今はのどかな景観になっていますので、大仏切通と合わせてハイキング気分でお出かけください。

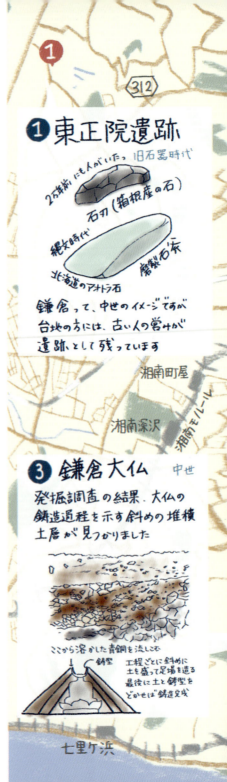

鎌倉市内からは、中世の人々が毎日使っていたものが出土します
\\ 現代でも使えそう //

中国から輸入された立派な陶磁器も多数出土します

④ 若宮大路 中世

戦国時代、北条氏康が建てた浜の大鳥居の柱が出土しています

← 直径1.67cm →

② 北条義時法華堂跡 中世

かっての姿を復元CGで見られます

復元CG画像制作
湘南工科大学 名誉教授澤可也・井上道哉研究室

⑤ 若宮大路周辺遺跡群 中世

誰か… どうして!!

13世紀中頃の竪穴建物跡から傷のない未使用の中国産磁器がまとまって出土!!

わたしの推し 遺跡・遺物
小田原市

小田原市文化財課
三戸 芽さん

家庭菜園にはまってます♪

推します！
小田原城とその城下

　小田原のシンボル、小田原城。北条氏が戦国時代に関東支配の拠点とし、江戸時代には宿場町・城下町としても賑わいを見せた小田原の町には、今もなお当時の面影を残す場所が随所に遺っています。

　例えば、小田原の町をぐるりと囲む「総構（そうがまえ）」は、その一部を実際に歩くことができ、自然地形を巧みに利用して作られたことが実感できます。

　また、現在の国道1号より南側には細長い戦国時代以来の町割りが残っている場所もあります。

　そして、小田原城址公園のある本丸・二の丸は史跡整備が進められています。

　市内で最も遺跡の密度が高く、発掘調査担当者として時に苦しい思いをするのもこのエリア。

　戦国時代・江戸時代はもちろん、近年では縄文時代の集落が発見されるなど、今後も注目の遺跡です。

❷ 千代寺院跡
奈良・平安時代

「新編相模國風土記稿」に、古瓦が出土するって書いてある

❹ 羽根尾貝塚
縄文時代

前期の貝塚 泥炭層だった為 保存状態良好

結歯式竪櫛 です

遺物は、県指定重要文化財

❸ 中里遺跡
弥生時代

東日本最大級の弥生ムラ 遠隔地の土器が出土 文化の一大交流地点でした

遺物は、県指定重要文化財

❻ 小田原城跡
戦国時代〜

江戸時代に幕府の米蔵があった御用米曲輪では、戦国時代のカラフルな石をふんだんに使用した切石式庭園も見つかっています。

国指定史跡 です

徳川様じゃ〜!! 三ツ葉葵紋軒丸瓦も！

小田原城

アジ〜

わたしの推し遺跡・遺物
茅ヶ崎市

茅ヶ崎市教育委員会
佐藤 愛さん

高カカオチョコレートにはまってます♪

下寺尾官衙遺跡群
～古代の役所跡～

　神奈川県の中央南部に位置する茅ヶ崎市は、南部には海浜、北部には丘陵の緑が広がり、四季を通して温暖な気候に恵まれています。気さくでおおらかな人が多く、街なかで発掘調査をしていると近所の方から声をかけられることもしばしば。温かな雰囲気に満ちています。

　私の推し遺跡は下寺尾官衙遺跡群です。市北部で今から約1,300年前の古代役所と関連施設の跡が発見されました。役人が働く「郡庁院」のほか、給食施設「厨」や、宿泊施設「館（たち）」とされる建物に加え、1辺78mの築地塀で囲まれた大きな寺院跡「下寺尾廃寺（七堂伽藍跡）」が、比較的狭い範囲に密集して分布しています。

　遺跡からは大量の土器や瓦をはじめ、役人の筆記用具である硯や文字が書かれた木簡、人の顔が描かれた祭祀用の土器など様々な種類の遺物が発見されました。

　下寺尾官衙遺跡群は古代の人々の生活を解き明かすヒントが沢山詰まった、地域の宝です！

わたしの推し遺跡・遺物
三浦市

三浦市教育委員会
中山悠那さん

旅行にハマっています。

赤坂遺跡
～古の人々が見た景色～

　三浦市は神奈川県の南東にある三浦半島の突端に位置しており、市の周りのほとんどを海に囲まれています。

　農業や漁業が盛んで、三崎マグロや三浦大根など、地域の名がついた特産品もあります。

　また、日本でも珍しい海越しに富士山を望むことができる場所で、中でも私の推し遺跡である赤坂遺跡からは特にきれいに眺めることができます。

　赤坂遺跡は弥生時代中期から後期にかけての三浦半島南部において中心的なムラであったと考えられています。長軸が15mを超える巨大な竪穴住居をはじめとした、130軒以上の竪穴住居跡、農具や漁撈具、東海地方から持ち込まれたと考えられる金属器・ガラス製品が発見されていることから、農業だけでなく海を利用した遠隔地との交流や漁撈活動を窺わせる遺跡でもあります。

　現在も弥生時代同様農業や漁業が盛んな三浦市で、弥生時代の人々が見た景色を見ることができる赤坂遺跡を訪れてみてはいかがでしょうか。

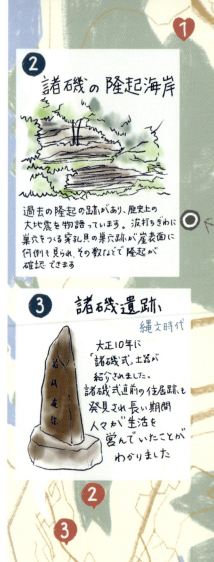

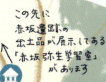
この先に赤坂遺跡の出土品が展示してある「赤坂弥生学習室」があります

小糸岡代の森

❶ 赤坂遺跡 弥生時代

130軒以上の住居が出土。遺物の種類もバラエティにとんでます

ガラス製品
金属
動植物
貝…

10m超の巨大建物跡が4軒も

❺ 大浦山洞穴 弥生時代

祭祀道具や人骨（899個!!）が出土しており、謎めいている洞穴…。洞穴遺跡特有の堆積層「ラミナ」（薄い反層が幾重にも重なった層）が発見されました

❹ 毘沙門洞穴群 弥生時代

A～Dまで4穴あり、お墓や骨角器の生産遺跡だったらしい。洞穴ごとに推定される年代が違い、弥生〜古墳の移り変わりを観察することができるのです

「少女が踊るチャッキラコ」ユネスコ無形文化遺産です

剱崎

わたしの推し遺跡・遺物　秦野市

秦野市教育委員会

浦野 悠さん

最近はまっているのは、「温活」です。

桜土手古墳公園
〜登れる！ 入れる⁉ 遊べる古墳‼〜

　秦野市は、丹沢に代表される緑豊かな自然と湧水に恵まれており、春の桜に代表される四季折々の景色を楽しむことができます。

　私の推し遺跡は、桜土手古墳群です。桜土手古墳群は7世紀に造られた古墳群で、発掘調査により35基の古墳が確認されています。現在は12基が保存されており、6基が桜土手古墳公園内に整備・保存されています。

　園内には桜土手古墳群の中で一番大きな1号墳をモデルとした「復原古墳」があり、遺跡を間近で見て、触って、感じることができるところがオススメです。

　また、桜土手古墳公園は、開園当時から人工物をなるべく使用しないというコンセプトのもと整備がされており、自然に囲まれた静かな空間も魅力です。

　春は桜、夏は新緑、秋は紅葉、冬はサザンカなど、四季折々の景色を楽しむことができます。

焼けて炭化した
柱などが
当時のまま
発見された住居も！

縄文時代

① 稲荷木遺跡

新東名高速道路

◉ 源実朝公の
みしるし塚

③

② 横野山王原遺跡
近世

宝永4年の
富士山噴火の
火山灰を
ひっくり返して
畑を復活!!

③ 東田原中丸遺跡 中世

白かわらけ、青磁、白磁の出土品
中世の波多野氏の館
だったのかも・・・

◉ 曾屋神社

瓜生野百八松明と
盆踊は
市指定無形
民俗文化財です

お盆の伝統行事

国道70
国道246

東名高速道路

鶴巻温泉

東海大学前

◉ 出雲大社
相模分祠

秦野駅

はだの桜みち

⑤ 二子塚古墳 古墳時代

秦野で唯一の
前方後円墳

ヤマト政権との
つながりが
あったのかも・・・

銀装圭頭大刀
はだの歴史博物館で公開される事があります

⑤

613

62

わたしの推し遺跡・遺物
厚木市

厚木市教育委員会
伊従保美さん
最近はやんちゃな柴犬の散歩が生きがい。

飯山登山古墳群
～形象埴輪がいっぱい！いったい誰のお墓なのか～

　神奈川県の中央に位置し、西は大山、東は相模川を境とする厚木市は、西から東にかけて山地・台地・平野の三段構えの地形を持ち、河川と陸上の交通の要衝として古くから繁栄していました。

　私の推し遺跡は飯山にある登山古墳群です。5基ある古墳群のうち、市内唯一の埴輪出土古墳である1号墳は消滅していますが、2～5号墳については史跡公園として一部整備されています。

　1号墳は昭和37年と42年に高校生らも参加し限定的ながら調査を行い、幅約4.5mの周溝を持つ直径20mほどの円墳であることがわかり、多数の円筒埴輪とともに、堅魚木を飾った家・冑をかぶった男子・坊主頭の力士などの形象埴輪が発見されました。

　埴輪は5世紀末～6世紀代のもので、直線距離で80kmも離れた埼玉県鴻巣市生出塚埴輪窯で製作されたといわれています。

　出土した埴輪はあつぎ郷土博物館に展示されています。どのような人のお墓であったのか想像しつつ、ぜひご覧ください。

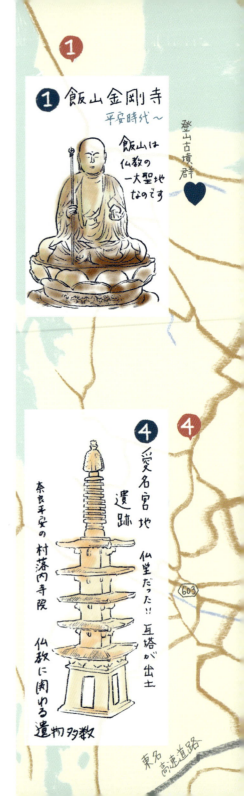

わたしの推し遺跡・遺物
大和市

大和市役所文化振興課
大島彩華さん

溝を掘るのが楽しいお年頃。

浅間神社西側横穴墓群
～相模野台地に響いた鳴鏑の音～

　相模野台地上にある大和市は、東に境川、西に引地川が流れ、南北に細長いのが特徴です。相鉄本線と小田急江ノ島線、東急田園都市線が走り、国道・県道が縦横に通る交通至便な街です。

　今回紹介する遺跡は、境川西側の台地の縁辺部に位置する下鶴間甲一号遺跡と、北西に700mほど離れた浅間神社西側横穴墓群です。

　下鶴間甲一号遺跡で暮らしていた人々が、浅間神社西側横穴墓群に葬られたと考えられています。古墳時代のムラと墓域の関連性が見られる市内では珍しい事例です。

　しかも浅間神社西側横穴墓では、国内でも珍しい鏑と鏃が組み合った状態の鳴鏑が出土しています。鏑の部分は鹿の角で作られ、小さな穴が7カ所空いています。この穴は、射ったときに音を鳴らすための穴で、儀礼を行うときや開戦の合図に用いられたと考えられています。射るとどのような音が出るのか、一度聞いてみたいですね。

❶ 月見野遺跡群
旧石器～平安時代

縄文草創期の土器

槍先につけて狩りをした石器など…大量に出土!!

❹ 上草柳遺跡群
大和配水池内遺跡
旧石器

約2万点の石器!!
相模野台地で最古級の石斧も

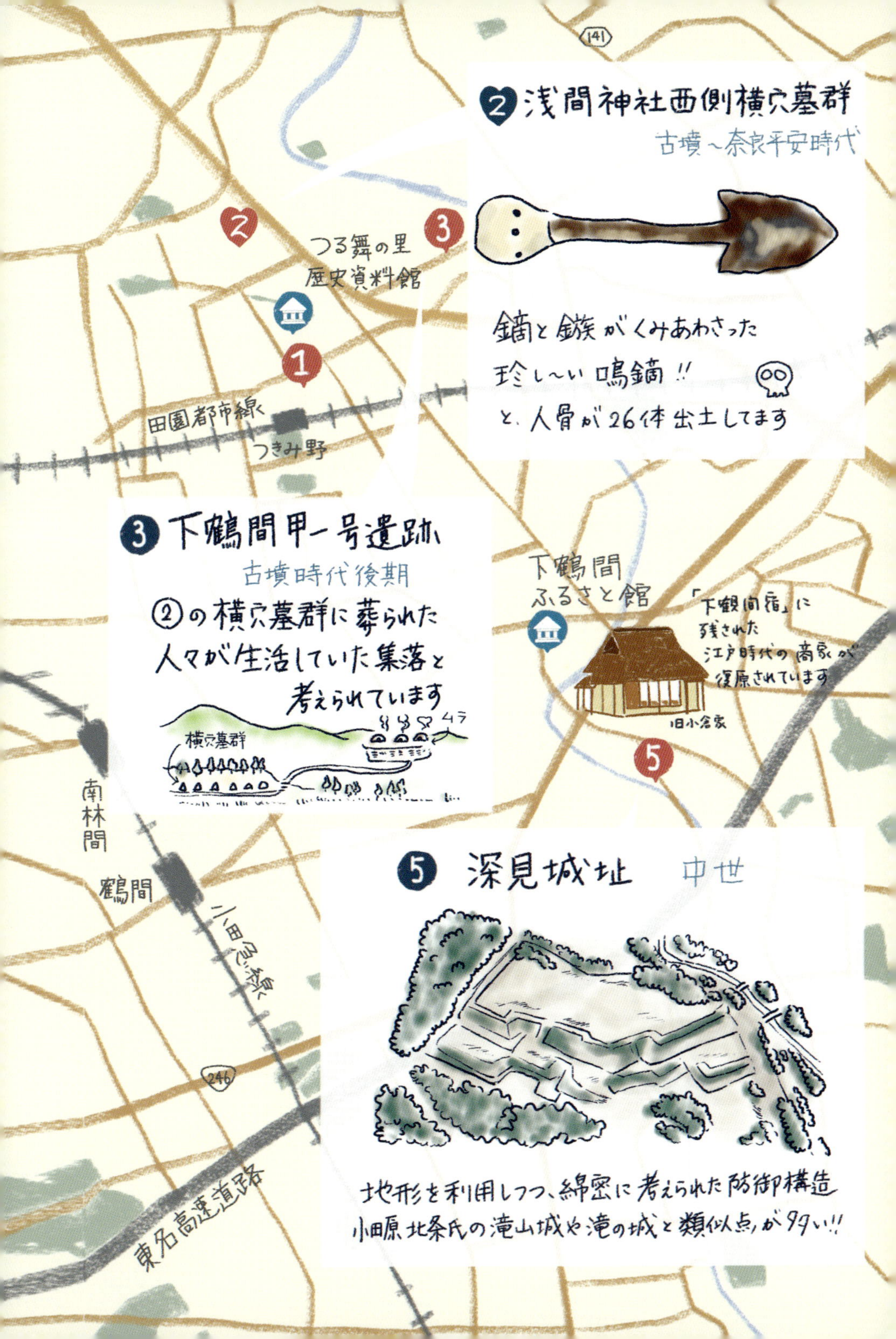

141
② 浅間神社西側横穴墓群
古墳〜奈良平安時代
鏑と鏃がくみあわさった
珍し〜い鳴鏑!!
と、人骨が26体出土してます
つる舞の里
歴史資料館
田園都市線
つきみ野
③ 下鶴間甲一号遺跡
古墳時代後期
②の横穴墓群に葬られた
人々が生活していた集落と
考えられています
横穴墓群
ムラ
下鶴間
ふるさと館
「下鶴間宿」に
残された
江戸時代の商家が
復原されています
旧小倉家
南林間
鶴間
小田急線
246
⑤ 深見城址 中世
地形を利用しつつ、綿密に考えられた防御構造
小田原北条氏の滝山城や滝の城と類似点が多い!!
東名高速道路

わたしの推し 遺跡・遺物	伊勢原市教育委員会
伊勢原市	小笠原里帆さん 最近映画鑑賞にはまっています！

西富岡・向畑遺跡
～縄文の森がタイムスリップ！？～

　伊勢原市は神奈川県のほぼ中央に位置し、北西にそびえる大山は日本遺産に認定された「大山詣り」の地として、参拝や登山、ハイキングに多くの方々が訪れています。

　延喜式内社である比々多神社や源頼朝、北条政子が訪れた宝城坊、太田道灌の墓などの史跡だけでなく、春は渋田川の芝桜、夏は串橋のひまわり、秋は日向の彼岸花と大山寺の紅葉、冬は大山の雪景色と、四季折々の自然にも富んだ地域です。

　私の推し遺跡はなんといっても西富岡・向畑遺跡！

　縄文時代の集落のそばから発見された埋没林は、土砂に覆われて当時のままの姿を留めていました。

　まさに縄文時代の森が現代にタイムスリップした遺跡です！

　世界的な発見であるこの遺跡は、新東名高速道路の建設事業に伴い発掘された遺跡のため、現在は見ることができませんが、収集された3,000年前の樹木や昆虫などは大切に保管され、みなさんのお目にかかる日もあるかもしれません。

❸ 上粕屋・秋山遺跡
おびただしい数の石を使った配石遺構群

❶ 子易・中川原遺跡
中世
鎌倉時代の寺院跡が

❷ 三ノ宮・上栗原遺跡
古墳時代
最高権力者たちが葬られた墓域
大和政権とのつながりも考えられる馬具が副葬されていました

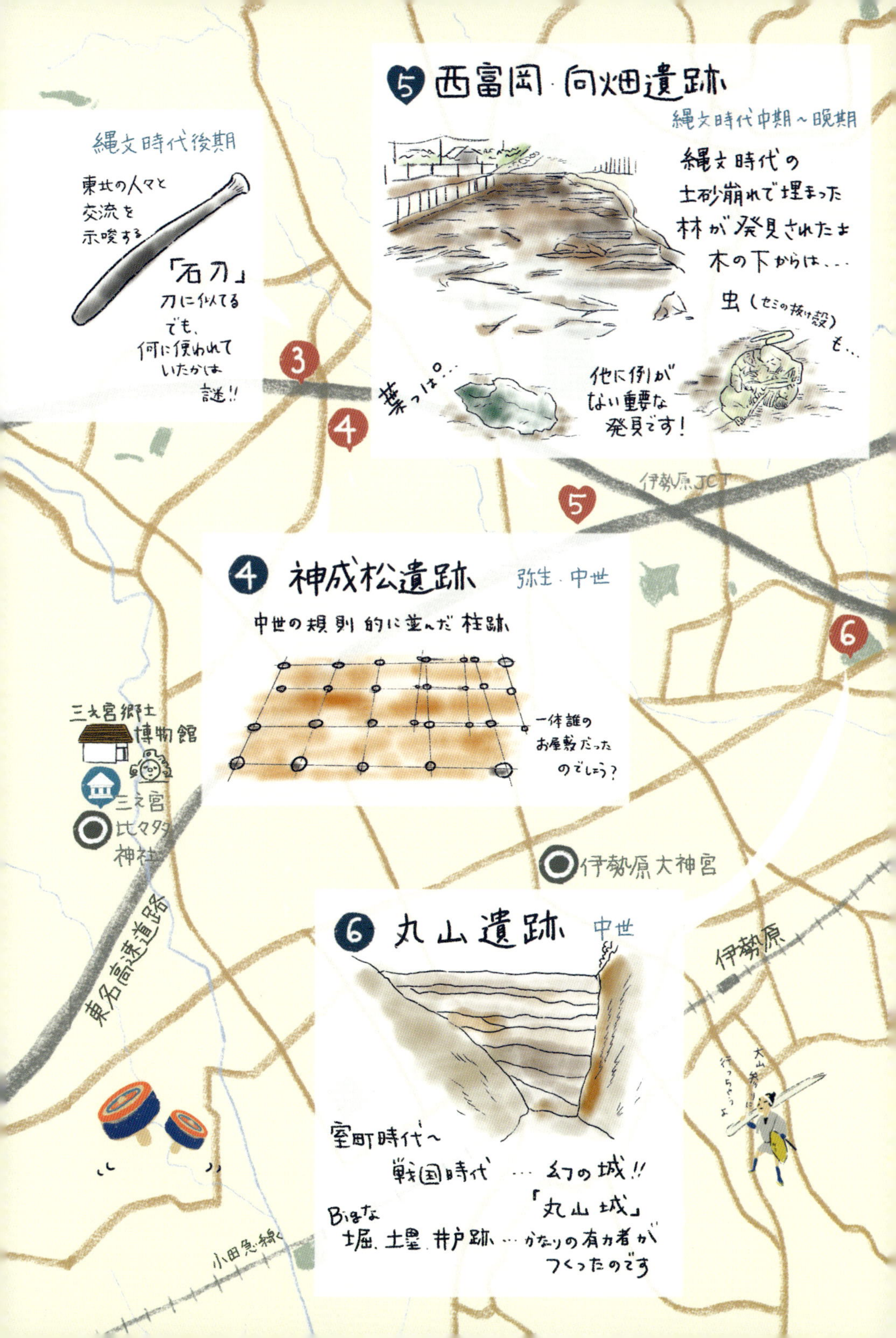

5 西富岡・向畑遺跡
縄文時代中期～晩期
縄文時代の
土砂崩れで埋まった
林が発見されたよ
木の下からは、、、
虫（セミの抜け殻）も…
葉っぱ…
他に例が
ない重要な
発見です！
縄文時代後期
東北の人々と
交流を
示唆する
「石刀」
刀に似てる
でも、
何に使われて
いたかは
謎!!
3
4
5
伊勢原JCT
6
4 神成松遺跡 弥生・中世
中世の規則的に並んだ柱跡
一体誰の
お屋敷だった
のでしょう？
三之宮郷土
博物館
三之宮
比々多
神社
伊勢原大神宮
東名高速道路
6 丸山遺跡 中世
室町時代～
戦国時代 … 幻の城!!
「丸山城」
Bigな
堀、土塁、井戸跡 … かなりの有力者が
つくったのです
伊勢原
大山参りに行っちゃうよ
小田急線

わたしの推し遺跡・遺物
海老名市

海老名市教育委員会

押方みはるさん
ブルーベリー15本育てています！

和田山千暁さん
編み物にはまっています！

秋葉山古墳群・相模国分寺跡
〜人々のいのり〜

　海老名市は東名高速道路海老名SAや海老名駅周辺の商業施設が有名ですが、少し離れれば田園風景が広がり、都会の賑やかさと絶妙なバランスを保っています。

秋葉山古墳群
〜大山を望む王の墓〜

　東日本でも最古級の古墳群として知られる秋葉山古墳群。2号墳と3号墳で出土した片口の鉢に水銀朱が付着していました。今も残る墳丘の周辺を散策すると、古墳で行われた祭祀の様子が思い浮かび、当時の人と気持ちが通じる感覚を覚えます。

相模国分寺跡
〜相模国の古代仏教の聖地〜

　全国でも珍しい法隆寺に似た伽藍配置をとる相模国分寺跡は、8世紀中頃に創建されたと考えられています。寺域は東西240m、南北300m以上という広大な範囲とされていますが、北辺ははっきりとはわかっていません。逆川関連遺構との繋がりなど、まだまだ謎が多い相模国分寺のことを考えるとわくわくします。

❶ 相模国分寺跡・相模国分尼寺跡
奈良平安時代
国分寺跡は法隆寺に似た伽藍配置を採用してます
全国でもレア！

❹ 河原口坊中遺跡
弥生〜近代
小銅鐸　県内3例目
相模川東岸の低地　弥生時代の木製品も出土

大谷歌舞伎　市指定無形民俗文化財です

② 秋葉山古墳群
古墳時代

片口で　出土しています　台付鉢

こんもりした森の中には弥生終末〜古墳前半にかけて継続的に造られた墓域群があります

③ 柏ヶ谷長ヲサ遺跡
旧石器

約28000年前の西日本でよくみられるタイプの石器　つまり東西文化交流の地の証拠なのです

市立郷土資料館　海老名市温故館

実物の3分の1の大きさです
相模国分寺
ドーン!!
海老名中央公園の七重の塔のモニュメント

上浜田中世建築遺構群（浜田歴史公園）

⑤ 杉久保遺跡
縄文中〜後期

約300軒の竪穴住居の発見！未調査地域も含めると600軒の住居があったとみられています

Strawberry

ささら踊り　無形文化財です

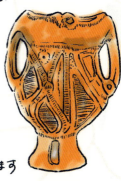

わたしの推し遺跡・遺物
南足柄市

南足柄市市民部
寺岡裕子さん

理想の坦々麺を求めて食べ歩き中！

塚田遺跡
～古代の職人養成所！～

　南足柄市は神奈川県の西端にあり、金太郎伝説を有する足柄山や、天狗伝説を有する古刹・大雄山最乗寺には市内外から多くの方が訪れています。最乗寺境内には、広大な杉林が広がっており、一年を通じて、木漏れ日と清涼な空気に満ちています。

　私の推し遺跡は塚田遺跡です！　伊豆箱根鉄道大雄山線の大雄山駅前に広がっていた遺跡で、古代の石材加工場があったと考えられています。

　酒匂川の支流、狩川沿いに遺跡は広がっており、大型の石材未成品（作り途中のもの）が多数見つかっています。いわばこの場所は、古代の石工養成所だったと思っています。

　出土した敷石住居跡1軒が、南足柄市文化会館の隣に移築されていますので、近くにお越しの際はぜひお立ち寄りください。

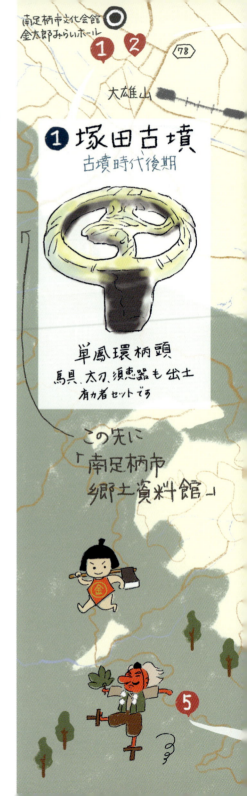

❷ 塚田遺跡 縄文時代中〜後期

南足柄市文化会館トナリに移設されています

縄文時代のおうち…入り口 敷石です

❸ 大塚 古墳時代

ちょっと削られてる！

市内に残る貴重な古墳です！

❹ 五反畑遺跡 縄文時代中〜晩期

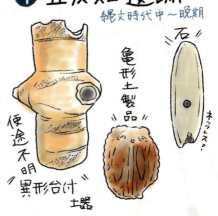

亀形土製品
用途不明 "異形台付" 土器
石 ネックレス？

縄文不思議ワールド全開!!

❺ 御嶽神社裏山経塚 平安時代後期〜中世

神社の境内から出土した仏教っぽい遺物あり

和田河原　小田急線　栢山　714　相模沼田　飯田岡　大雄山線　穴部

わたしの推し遺跡・遺物
綾瀬市

綾瀬市生涯学習課
伊東はるかさん

龍が好きです。
ご当地のお酒を
飲むのも大好きです。

神崎遺跡
～弥生時代の移住の痕跡～

　綾瀬市は神奈川県のほぼ真ん中に位置します。市内には目久尻川・比留川・蓼川が流れ、流域には旧石器時代から近現代の相模野海軍航空隊まで様々な時代・種類の遺跡や文化財があり、歴史の変遷を感じることができます。

　私の推し遺跡は、国指定史跡・神崎遺跡です！　綾瀬市吉岡にある弥生時代後期の環濠集落で、東海地方から引っ越しをしてきた人々が造ったムラだと考えられています。

　出土した土器の95%に東海地方（東三河・西遠江付近）の特徴がみられます。高坏や台付壺など……見比べてみるとそっくり！　当時の人々の行動力や技術力を考えさせられ、弥生時代への興味がどんどん広がります。土器は併設する資料館に展示してあります。

　神崎遺跡は"目久尻川歴史文化ゾーン"の南の拠点であり、綾瀬の文化財の発信地でもあります。綾瀬スマートICからアクセスできますので、お近くにお越しの際は是非、お立ち寄りください！

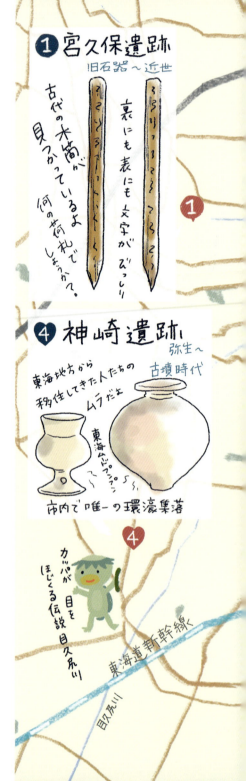

わたしの推し遺跡・遺物
寒川町

寒川町教育委員会
川口有希子さん

お天気はスマホアプリより空を見る派。

大曲五反田遺跡
〜古代のフェス会場！〜

　寒川町は神奈川県のまんなかあたりにあり、街のシンボル寒川神社には年間を通して多くの方々が訪れます。

　春は桜、夏は御神輿、秋は寒川神社例祭の流鏑馬、冬は初詣と1年を通して見どころ満載なところです。

　私の推し遺跡は大曲五反田遺跡！　小出川旧河道の一部とされ、祭祀が行われていた場所と考えられています。

　祭祀を通して神々や祖先をまつり、祭典が行われていたこの場所はいわば古代のフェス会場だと思うのです！

　JR相模線寒川駅から香川駅間を移動すると北側に祭祀場、南側に大曲五反田遺跡と一瞬ですが遺跡群の間を電車が通り抜けます。

　日常忙しく、現地にいけない時は電車の車内から一瞬の「パワー」を貰っています。みなさんもいかがでしょうか？

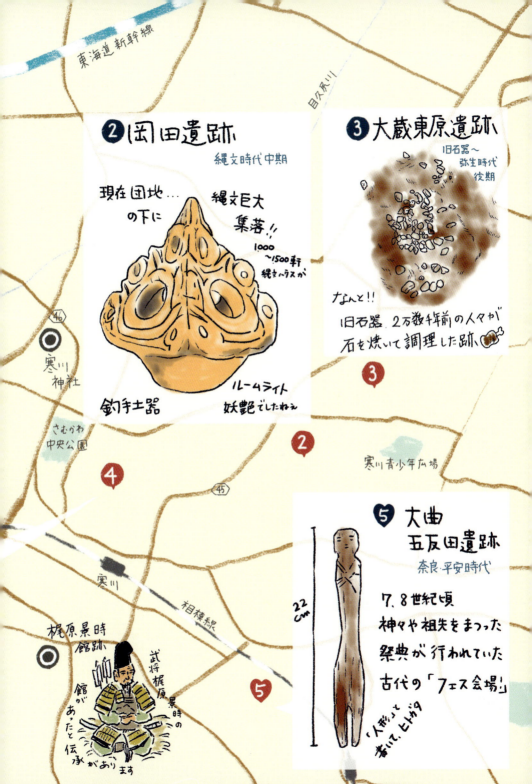

わたしの推し遺跡・遺物
大磯町

大磯町教育委員会
東 真江さん

野生のラッコにシーカヤックで会いに行くのが夢です。

馬場台遺跡
～古代の遺跡も充実！～

　大磯は、江戸時代に本陣がおかれた東海道の宿場であり、明治時代以降「8人の宰相が住んだ町」として知られていますが、実は古代から中世にかけて相模国の文化・政治の中心でもありました。

　関東地方で珍しい切石切組積石室の釜口古墳が県内では最終末の古墳として築造される頃、馬場台遺跡のエリアには「余綾郡家」といわれる古代の役所が設置されたと考えられています。平安時代の終わり頃には平塚にあった国府がこの地に移転し、「余綾国府」として相模国の中心地として存在していたことが、鎌倉時代の『吾妻鏡』で分かります。

　また、町内に多数現存する仏像や、六所神社・高来神社の神像群は神奈川県指定文化財になっており、宗教的、政治的に重要な土地であったことが想像できます。

　その他、「国府祭」、「御船祭」など古代から中世の伝承を伝える祭りもあり、古代から現代まで様々な歴史を感じられる大磯に皆さんぜひお越しください。

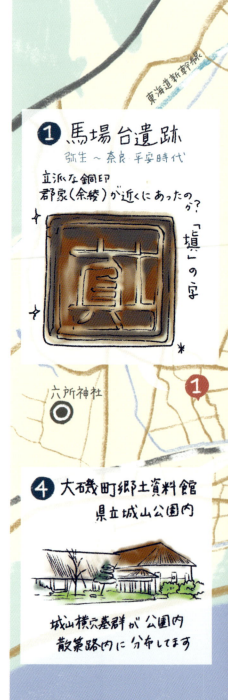

【掲載図版（提供・所蔵）一覧】

ページ	資料名	提供・所蔵
はじめに　遺跡の世界をのぞいてみると……		
7-13	すべて	（公財）かながわ考古学財団
14	コラム伊勢原の昆虫化石	（公財）かながわ考古学財団
第1部　遺跡・遺物が語る神奈川県の歴史		
18	菖蒲平台遺跡◎	神奈川県教育委員会**
19	西富岡・長竹遺跡	神奈川県教育委員会**
	粟窪・林遺跡（右中）	神奈川県教育委員会**
	粟窪・林遺跡（右下）	（公財）かながわ考古学財団
20	船久保遺跡	神奈川県教育委員会
21	船久保遺跡　陥し穴状土坑配置図	個人
	船久保遺跡の円形を呈する陥し穴土坑	神奈川県教育委員会
	船久保遺跡の長方形を呈する陥し穴土坑	神奈川県教育委員会
22	養毛小林遺跡	（公財）かながわ考古学財団
	上粕屋・子易遺跡	（公財）かながわ考古学財団
23	代官山型細石核	
	代官山型細石刃製作技法が発見された遺跡と石材原産地	個人
24	菖蒲平台遺跡	神奈川県教育委員会**
25	小保戸遺跡	神奈川県教育委員会
	上粕屋・秋山上遺跡	（公財）かながわ考古学財団
	白色微細遺物	神奈川県教育委員会**
26	菩提横手遺跡	神奈川県教育委員会**
27	養毛小林遺跡	（公財）かながわ考古学財団
	戸川諏訪丸遺跡	神奈川県教育委員会**
28	横野山王原遺跡	（公財）かながわ考古学財団
	上原・長久保遺跡	（公財）かながわ考古学財団
	生麦八幡前遺跡	神奈川県教育委員会*
29	西富岡・向畑遺跡	（公財）かながわ考古学財団
29	戸川諏訪丸遺跡	（公財）かながわ考古学財団
30	左図版のツルマメ圧痕部分	相模原市立博物館
	勝坂遺跡	相模原市立博物館
	上粕屋・和田内下遺跡	神奈川県教育委員会**
31	三田林根遺跡	厚木市
	当麻遺跡	株式会社玉川文化財研究所
32	稲荷木遺跡	（公財）かながわ考古学財団
	菩提横手遺跡	（公財）かながわ考古学財団
33	稲荷木遺跡（上）	（公財）かながわ考古学財団
	稲荷木遺跡（左下）	（公財）かながわ考古学財団
	大島古清水遺跡	相模原市立博物館
34	称名寺貝塚	（公財）横浜市ふるさと歴史財団埋蔵文化財センター
35	天神山遺跡	小田原市教育委員会
	上粕屋・秋山遺跡	（公財）かながわ考古学財団
36	子易・中川原遺跡（上）	（公財）かながわ考古学財団
	子易・中川原遺跡（中）	（公財）かながわ考古学財団
	子易・中川原遺跡（下）	（公財）かながわ考古学財団
37	上粕屋・秋山遺跡（上）	（公財）かながわ考古学財団
	上粕屋・秋山上遺跡	神奈川県教育委員会**
	上粕屋・秋山遺跡（左）	神奈川県教育委員会**
	子易・中川原遺跡	神奈川県教育委員会**
38	柳川竹ノ上遺跡	神奈川県教育委員会**
	東正院遺跡	神奈川県教育委員会**
	神成松遺跡	（公財）かながわ考古学財団
	東開戸遺跡	秦野市
39	神成松遺跡	神奈川県教育委員会**

ページ	資料名	提供・所蔵	ページ	資料名	提供・所蔵
39	長野県藤内遺跡の土偶装飾付土器【神像筒形土器、中期中葉】	井戸尻考古館	48	中里遺跡	小田原市教育委員会
				上粕屋・和田内下遺跡	（公財）かながわ考古学財団
	子易・中川原遺跡の岩版【後期中葉】	神奈川県教育委員会**	49	間口洞窟遺跡（左）	神奈川県立歴史博物館
				間口洞窟遺跡（右）	神奈川県立歴史博物館
	石川県酒見新堂遺跡の岩版【後期中葉】	石川県立歴史博物館		毘沙門B洞窟遺跡	細川惠司
	上粕屋・秋山遺跡	神奈川県教育委員会**	50	河原口坊中遺跡（右上）	神奈川県教育委員会**
40	種実の出土状況	（公財）かながわ考古学財団		河原口坊中遺跡（右中）	神奈川県教育委員会**
41	縄文時代晩期初頭の埋没林	（公財）かながわ考古学財団		倉見川端遺跡	神奈川県教育委員会**
				倉見才戸遺跡	寒川町教育委員会
	埋没林から出土したアオオサムシ	（公財）かながわ考古学財団	51	大型竪穴住居址（30A号竪穴住居址）	小田原市教育委員会
	漆塗土器の出土状況	神奈川県教育委員会**		独立棟持柱付建物址（20号掘立柱建物址）	小田原市教育委員会
	編組製品の出土状況	（公財）かながわ考古学財団		方形周溝墓（40号方形周溝墓）	小田原市教育委員会
42	縄文時代後期の集落構造（模式図）	（公財）かながわ考古学財団		旧河道跡（1・2号旧河道跡）	小田原市教育委員会
43	方形配石遺構【後期前葉～中葉】	（公財）かながわ考古学財団	52	一木鋤出土状況	神奈川県教育委員会*
				竪杵と臼	神奈川県教育委員会*
	環状立石遺構【後期中葉～後葉】	（公財）かながわ考古学財団		しがらみ状遺構（3・4号しがらみ）	神奈川県教育委員会
	15区J3号住居址【後期前葉】	（公財）かながわ考古学財団		しがらみ復元イメージイラスト	（公財）かながわ考古学財団
	18区J31号住居址の炭化材検出状況【後期前葉】	（公財）かながわ考古学財団	53	シカが描かれた壺	平塚市教育委員会
				シカの絵	平塚市教育委員会
44	河原口坊中遺跡	神奈川県教育委員会*（小銅鐸のみ◎）		方形周溝墓出土金属製品	平塚市教育委員会
45	子易・中川原遺跡	神奈川県教育委員会**		34A区全体写真	平塚市教育委員会
	北原遺跡	神奈川県教育委員会	54	戸田小柳遺跡◎	神奈川県教育委員会*
	菖蒲内開戸遺跡	神奈川県教育委員会**		双頭龍紋鏡模式図	かながわ考古学財団
46	中里遺跡	小田原市教育委員会	55	大神塚古墳	寒川町教育委員会
	社家宇治山遺跡	神奈川県教育委員会		谷津金ノ台遺跡	小田原市教育委員会
	舞岡熊之堂遺跡	（公財）横浜市ふるさと歴史財団埋蔵文化財センター		及川伊勢宮遺跡	（公財）かながわ考古学財団
47	新羽浅間神社遺跡	神奈川県教育委員会	56	長谷小路周辺遺跡	鎌倉市教育委員会
	御茶屋通遺跡	南足柄市教育委員会		大津古墳	横須賀市教育委員会
	墨染遺跡	平塚市教育委員会		菩提横手遺跡	（公財）かながわ考古学財団
48	真田・北金目遺跡群	平塚市教育委員会			
	圧痕レプリカの走査型電子顕微鏡写真				

ページ	資料名	提供・所蔵	ページ	資料名	提供・所蔵
57	子易・中川原遺跡	(公財)かながわ考古学財団	67	古代影向寺	川崎市教育委員会
	上粕屋・久保上遺跡	伊勢原市教育委員会		相模国分寺跡	海老名市教育委員会
	上粕屋・子易遺跡	(公財)かながわ考古学財団		宗元寺跡出土軒丸瓦と同笵の瓦	王寺町
	中依知遺跡群	(公財)かながわ考古学財団		鐘ヶ嶽廃寺	厚木市
58	粟窪・林台遺跡	(公財)かながわ考古学財団	68	西富岡・向畑遺跡	(公財)かながわ考古学財団
	上粕屋・和田内遺跡	(公財)かながわ考古学財団		三廻部・東耕地遺跡	(公財)かながわ考古学財団
59	天神谷戸遺跡	神奈川県教育委員会	69	本村居村B遺跡	茅ヶ崎市教育委員会
	公田平台遺跡	(公財)横浜市ふるさと歴史財団埋蔵文化財センター		西富岡・向畑遺跡	神奈川県教育委員会**
	別堀前田遺跡	小田原市教育委員会		恩名沖原遺跡	厚木市
60	戸田小柳遺跡	神奈川県教育委員会*	70	稲荷木遺跡	神奈川県教育委員会**
	倉見川端遺跡	神奈川県教育委員会**		戸田小柳遺跡	神奈川県教育委員会**
	別堀前田遺跡	小田原市教育委員会		別堀十二天遺跡	小田原市教育委員会
61	二子塚古墳	秦野市		菖蒲内開戸遺跡	神奈川県教育委員会**
	川名新林横穴墓	藤沢市	71	西富岡・向畑遺跡	神奈川県教育委員会*
	甘縄神社遺跡群	鎌倉市教育委員会		西富岡・向畑遺跡墨書土器	神奈川県教育委員会**
	白井坂埴輪窯跡	川崎市教育委員会		寺山中丸遺跡	神奈川県教育委員会**
	北門古墳群	横浜市歴史博物館	72	寺山中丸遺跡	神奈川県教育委員会**
62	愛名宮地遺跡	厚木市		中野中里遺跡	神奈川県教育委員会*
63	橘樹官衙遺跡群(上)	川崎市教育委員会提供 株式会社玉川文化財研究所撮影		河原口坊中遺跡	神奈川県教育委員会**
	橘樹官衙遺跡群(下)	川崎市教育委員会提供 株式会社玉川文化財研究所撮影	73	馬場綿内谷戸遺跡	神奈川県教育委員会
				石川遺跡稲荷山地区	藤沢市
64	下寺尾官衙遺跡群(左上)	神奈川県教育委員会	74	下馬周辺遺跡	神奈川県教育委員会*
	下寺尾官衙遺跡群(右)	茅ヶ崎市教育委員会提供 (公財)かながわ考古学財団撮影	75	大倉幕府周辺遺跡群	鎌倉市教育委員会
			76	若宮大路周辺遺跡群	鎌倉市教育委員会
	下寺尾官衙遺跡群(左下)	茅ヶ崎市教育委員会		大倉幕府周辺遺跡群	鎌倉市教育委員会
65	田谷町堤遺跡	(公財)かながわ考古学財団	77	上粕屋・子易2遺跡	(公財)かながわ考古学財団
	南仮宿遺跡	神奈川県教育委員会		上粕屋・子易遺跡	(公財)かながわ考古学財団
	六ノ域遺跡(左)	平塚市教育委員会		西富岡・中島遺跡	(公財)かながわ考古学財団
	六ノ域遺跡(右)	平塚市教育委員会		武蔵大路周辺遺跡	鎌倉市教育委員会
66	下寺尾廃寺(上)	茅ヶ崎市教育委員会	78	上粕屋・子易遺跡	(公財)かながわ考古学財団
	下寺尾廃寺(下)	茅ヶ崎市教育委員会		神成松遺跡	(公財)かながわ考古学財団

ページ	資料名	提供・所蔵
79	永福寺跡　二階堂	鎌倉市教育委員会
	薬師堂	鎌倉市教育委員会
	阿弥陀堂	鎌倉市教育委員会
80	子易・中川原遺跡（上）	（公財）かながわ考古学財団
	子易・中川原遺跡（下）	（公財）かながわ考古学財団
81	子易・中川原遺跡（左上）	（公財）かながわ考古学財団
	子易・中川原遺跡（左中）	（公財）かながわ考古学財団
	上粕屋・和田内遺跡（上）	（公財）かながわ考古学財団
	上粕屋・和田内遺跡（下）	神奈川県教育委員会＊＊
	西富岡・長竹遺跡	（公財）かながわ考古学財団
82	名越坂北やぐら	鎌倉市教育委員会
	若宮大路周辺遺跡群	鎌倉市教育委員会
	由比ガ浜中世集団墓地遺跡	鎌倉市教育委員会
83	弁ヶ谷遺跡	鎌倉市教育委員会
	若宮大路周辺遺跡群（左下）	鎌倉市教育委員会
	若宮大路周辺遺跡群（右上）	鎌倉市教育委員会
	若宮大路周辺遺跡群（右下）	鎌倉市教育委員会
84	西富岡・向畑遺跡	（公財）かながわ考古学財団
	若宮大路周辺遺跡群	鎌倉市教育委員会
	西富岡・長竹2遺跡	（公財）かながわ考古学財団
	及川伊勢宮遺跡	（公財）かながわ考古学財団
85	浜之郷本社A遺跡	茅ヶ崎市教育委員会
	今小路西遺跡	鎌倉市教育委員会
86	子易・中川原遺跡◎	神奈川県教育委員会＊＊
	若宮大路周辺遺跡群	鎌倉市教育委員会
	北条泰時・時頼邸跡	鎌倉市教育委員会
	北条時房・顕時邸跡	鎌倉市教育委員会
87	東富岡・南三間遺跡（上）	神奈川県教育委員会＊＊
	東富岡・南三間遺跡（下）	（公財）かながわ考古学財団
88	若宮大路周辺遺跡群（上）	鎌倉市教育委員会
	若宮大路周辺遺跡群（中）	鎌倉市教育委員会
	東富岡・南三間遺跡（左下）	神奈川県教育委員会＊＊
	東富岡・南三間遺跡（右下）	神奈川県教育委員会＊＊
89	若宮大路周辺遺跡群（左上）	鎌倉市教育委員会
	若宮大路周辺遺跡群（右上・右中）	鎌倉市教育委員会
	今小路西遺跡（中）	鎌倉市教育委員会
	今小路西遺跡（下）	鎌倉市教育委員会
90	上粕屋・和田内遺跡	神奈川県教育委員会※
91	若宮大路周辺遺跡群	鎌倉市教育委員会
	大倉幕府跡	鎌倉市教育委員会
	大倉幕府周辺遺跡群	鎌倉市教育委員会
	西富岡・向畑遺跡	（公財）かながわ考古学財団
92	小田原城御用米曲輪◎	小田原市教育委員会
93	小田原城御用米曲輪（上）	小田原市教育委員会
	小田原城御用米曲輪（中）	小田原市教育委員会
	小机城跡	横浜市教育委員会
94	大庭城跡	藤沢市
	河村新城跡	（公財）かながわ考古学財団
95	上粕屋・石倉中遺跡	（公財）かながわ考古学財団
	西富岡・向畑遺跡	（公財）かながわ考古学財団
96	山下居留地遺跡◎	神奈川県教育委員会＊
97	小田原城御用米曲輪	小田原市教育委員会
98	日向屋敷跡	小田原市教育委員会
99	三の丸杉浦平太夫邸跡	小田原市教育委員会

※は神奈川県教育委員会提供写真を合成

ページ	資料名	提供・所蔵	ページ	資料名	提供・所蔵
99	三の丸大久保弥六郎邸跡	小田原市教育委員会	116	猿島砲台跡	横須賀市教育委員会
	瓦長屋跡	小田原市教育委員会		長柄桜山古墳群	逗子市教育委員会
100	上粕屋・石倉中遺跡	（公財）かながわ考古学財団		旧相模川橋脚	茅ヶ崎市教育委員会
101	横野山王原遺跡	（公財）かながわ考古学財団	117	こんぴら山やぐら群	逗子市観光協会
				衣笠城跡	横須賀市教育委員会
102	跡堀遺跡	神奈川県教育委員会＊	118	三増合戦場跡	愛川町
	河原口坊中遺跡	神奈川県教育委員会＊		勝坂遺跡	相模原市教育委員会
103	小保戸遺跡	神奈川県教育委員会	119	田名向原遺跡	相模原市教育委員会
	上行寺裏遺跡	神奈川県教育委員会		有孔鍔付土器	厚木市
	子易・中川原遺跡	（公財）かながわ考古学財団	120	桜土手古墳群	いせはら観光ボランティアガイド＆ウォーク協会
104	浦賀奉行所跡及び与力・同心町跡	横須賀市教育委員会	120	宝城坊境内	伊勢原市教育委員会
	小原台堡塁跡	（公財）かながわ考古学財団	121	神崎遺跡	綾瀬市
				神光寺横穴墓群	藤沢市観光協会
105	藤沢市北部第二（三地区）土地区画整理事業区域内遺跡群	藤沢市	122	古代瓦焼がま跡	松田町
				寒田神社	松田町
	舞岡熊之堂遺跡	（公財）横浜市ふるさと歴史財団埋蔵文化財センター	123	岩原城跡	南足柄市教育委員会
	日吉台遺跡群	慶應義塾大学民族学考古学研究室		河村城跡	山北町教育委員会
106	石神遺跡	茅ヶ崎市教育委員会	124	箱根関跡	箱根町
	今小路西遺跡	鎌倉市教育委員会		石垣山	小田原城総合管理事務所
	旧岩崎家別邸貯水施設	大磯町	125	元箱根石仏群	箱根町
107	洲干島遺跡	（公財）横浜市ふるさと歴史財団埋蔵文化財センター		しとどの窟	湯河原温泉観光協会
				小田原城	小田原城総合管理事務所
	ペットの墓	神奈川県教育委員会	130 131		（公財）かながわ考古学財団
第2部　かながわの文化財			**第3部　わたしの推し遺跡・遺物**		
112	橘樹官衙遺跡群	川崎市教育委員会	133	史跡北条氏常盤亭跡	鎌倉市教育委員会
113	市ヶ尾横穴古墳群	横浜市教育委員会		橘樹官衙遺跡群橘樹郡家跡	川崎市教育委員会提供　株式会社玉川文化財研究所撮影
	称名寺境内	称名寺			
114	若宮大路	鶴岡八幡宮		大日野原遺跡出土土偶付深鉢型土器	相模原市博物館寄託資料（個人蔵）
	建長寺境内、建長寺庭園	建長寺		史跡小田原城跡	小田原市教育委員会
115	永福寺跡	湘南工科大学名誉教授長澤可也・井上道哉研究室		千代ヶ崎砲台跡	横須賀市教育委員会
	鶴岡八幡宮境内	鶴岡八幡宮			

＊のある神奈川県教育委員会は「神奈川県教育委員会所蔵・提供」、ないものは「神奈川県教育委員会提供」
＊＊は神奈川県教育委員会所蔵、（公財）かながわ考古学財団提供
◎は P15 にも掲載

写真とイラストでわかる遺跡・史跡
足元に眠る神奈川の歴史

【発行日】
2024年12月10日

【編 者】
公益財団法人かながわ考古学財団

【発行者】
松信健太郎

【発行所】
株式会社有隣堂

本　社　〒231-8623　横浜市中区伊勢佐木町 1-4-1
出版部　〒244-8585　横浜市戸塚区品濃町 881-16
電話 045-825-5563　　振替 00230-3-203

【印刷所】株式会社丸井工文社
【装幀・レイアウト】小林しおり

©KANAGAWA ARCHAEOLOGY FOUNDATION 2024　Printed in Japan
ISBN978-4-89660-253-1

※定価はカバーに表示してあります。本書の無断複製（コピー・スキャン・デジタル化等）は著作権法で認められた場合を除き、禁じられています。
※落丁・乱丁本の場合は弊社出版部（☎ 045-825-5563）へご連絡下さい。送料弊社負担にてお取替えいたします。